Anne Krüger

DIE SEELE VERGISST NIE

Erinnerungen an mein Leben

Die Richtung,
die in der Erziehung eingeschlagen wurde,
ist die Richtung, in die das künftige Leben geht.

Platon

Bibliografische Information der Deutschen Nationalbibliothek:
Die Deutsche Nationalbibliothek verzeichnet diese Publikation in der Deutschen Nationalbibliografie; detaillierte bibliografische Daten sind im Internet über http://dnb.dnb.de abrufbar.

© 2019 Anne Krüger
Lektorat: Sophie Lichtenstein, BoD
Herstellung und Verlag: BoD – Books on Demand, Norderstedt
ISBN: 978-3-7504-1224-8

Zur Erinnerung
an
meine Großmütter

Inhaltsverzeichnis

Antalya, Oktober 2013

Jemanden vergessen wollen heißt,
an ihn denken
Jean de La Bruyère

Wir waren auf dem Weg zum Flughafen, um nach Antalya zu fliegen. Da erreichte uns telefonisch die Nachricht, dass es mit meinem Vater zu Ende geht. Schon seit Tagen lag er auf der Intensivstation, ein ständiges Auf und Ab. Doch nun hatten die Ärzte nach der Patientenvollmacht gefragt. Meine Töchter waren auf dem Weg nach Marl, um von ihrem Großvater Abschied zu nehmen.

Und ich flog in den Urlaub und hatte nicht einmal ein schlechtes Gewissen dabei. Ich tat es in dem Bewusstsein, meine Schwester allein zu lassen, allein mit dem sterbenden Vater und der verwirrten Mutter. Ich tat es auch in dem Bewusstsein, dass niemand Verständnis für mein Handeln haben würde, am allerwenigsten meine Töchter.

Mein Mann schlug vor, den Urlaub noch im letzten Moment abzusagen und direkt nach Marl durchzufahren. Doch ich wollte nicht. Ich verspürte nicht den geringsten Wunsch, meinen Vater noch einmal zu sehen, Abschied zu nehmen.

Warum hätte ich das tun sollen? Seine Hand halten? Was hätte ich ihm sagen sollen? Einige nette, beruhigende Floskeln? Warum? Er bedeutete mir schon lange nichts mehr. Und er, da war ich mir sicher, hatte auch nicht den Wunsch, mich noch einmal zu sehen.

Ich spürte sehr wohl, wie es tief in mir grummelte, wie Dinge an die Oberfläche wollten, an die ich besser nicht dachte. Mein Vater starb. Und ich wollte nichts damit zu tun haben. Punkt.

Und dann waren wir in Antalya. Die Türkei ist wunderschön, das Hotel war mehr als empfehlenswert, Wetter super, alles einfach rund. Und ich wollte Ferien machen, mich erholen, entspannen, genießen.

Im Urlaub beginnt für mich jeder Tag mit einer ausführlichen Joggingrunde am Meer entlang. Früh, fast noch im Dunkeln, lief ich los, an der Uferpromenade entlang in Richtung Stadt.

Jahrzehnte lang war es mir gelungen, meine Kindheit zu verdrängen. Für mich gab es diese Zeit einfach nicht mehr. Ich hatte vergessen. Doch jetzt lag mein Vater im Sterben. Und je weiter ich lief, desto heftiger holte mich meine Vergangenheit ein. All diese unterdrückten Gefühle – jetzt kamen sie wieder hoch.

Wenn ich loslief, lief mit mir das kleine geprügelte Kind, das sich gedemütigt in seiner Ecke verkroch, mit blutender Nase und Schmerzen im ganzen Körper. Mit mir lief das Schulkind, das verzweifelt versuchte, seinem Leben ein Ende zu setzen, es aber nicht schaffte. Und es lief mit mir die Jugendliche, die sich einer schweren Sünde schuldig gemacht hatte, die sie bis zum heutigen Tag nicht losgeworden war.

Ich lief und lief, während mich all diese Gefühle überschwemmten, lief immer schneller und schneller – und konnte ihnen doch nicht davonlaufen.

Wenn ich bei meinem morgendlichen Lauf einen Grad der Erschöpfung erreicht hatte, der mich zur Umkehr zwang, ging gerade die Sonne auf und erhob sich aus dem Meer, ein wunderschöner Anblick. Jeden Morgen blieb ich ergriffen stehen und kam zur Ruhe. Und jedes Mal dachte ich:

„Du musst ihm verzeihen, er konnte nicht anders und du auch nicht."

Ich blickte in die Sonne, sah zu, wie sie langsam höherstieg und dachte für eine Weile, dass es mir möglich sein könnte.

„Ja, Papa, ich verzeihe dir."

Beruhigt und zufrieden ging ich danach ins Hotel, das Bild der aufgehenden Sonne in mir.

Doch bereits im Laufe des Tages ging alles wieder von vorn los. Noch während ich am Strand lag, begannen meine Gedanken zu kreisen, drehten sich immer schneller und führten zu einer weiteren schlaflosen Nacht. Ich konnte nicht aufhören, an früher zu denken. Morgens startete ich wieder meinen Lauf bis zur Erschöpfung, um meinem Vater wenigstens für ein paar Stunden verzeihen zu können. Und am nächsten Tag wieder und wieder. Nicht einen Tag kam ich zur Ruhe.

Die Beerdigung meines Vaters. Die Familie, drei, vier Freunde, eine Handvoll Nachbarn. Ich war erstaunt, wie wenige gekommen waren, um Abschied von ihm zu nehmen. Und meine Mutter war völlig außer sich. Vom frühen Morgen bis in den Abend hinein weinte sie fast ununterbrochen, hemmungslos, laut und mit laufender Nase. Zwischenzeitlich dachte ich nur noch:

„Kann sie sich nicht mal ein bisschen zusammenreißen?"

So lange ich mich an meine Eltern zurückerinnere, hatten sie entweder geschwiegen oder gestritten. Nie hatte ich erlebt, dass sie liebevoll oder nur höflich miteinander gesprochen hätten. Bei uns hatte immer ein sehr rauer Ton vorgeherrscht, der sich nur auf das Notwendigste beschränkte. Ironie und abwertende Bemerkungen waren an der Tagesordnung. Und jetzt heulte sie, als sei der liebenswerteste aller Ehemänner von ihr gegangen.

Auch meine Schwester und ihre beiden Söhne waren in Tränen aufgelöst. Und während es um mich herum nur so schluchzte und jammerte, war ich äußerlich völlig ruhig. Aber innerlich tobte es in mir.

Wünschte die Trauergemeinde seiner Seele den ewigen Frieden, so bat ich die Geister der Unterwelt um ewige Verdammnis. Riefen die anderen Gott und alle Heiligen an, ihn in ihr Reich aufzunehmen, beschwor ich den Fürsten der Unterwelt, ihm ordentlich einzuheizen. Während die Zeremonie an mir vorüberzog, sah ich nur meinen Vater mit vor Zorn gerötetem Gesicht, die Augen weit aufgerissen und mit erhobener Hand.

Am nächsten Tag ging ich noch einmal an sein Grab. Es war kalt, grau und nieselte ununterbrochen. Allein stand ich dort, ohne Schirm oder Regenjacke. Ich schrie dem Erdhaufen zu meinen Füßen all meine Wut und meinen Hass entgegen.

Fünf Jahre später trugen wir meine Mutter zu Grabe. Auch wenn ich ihr keine Träne nachweinte, so empfand ich doch zumindest keinen Groll mehr ihr gegenüber.

Alle Mädchen heißen Gabriele

Ich habe mir nicht gewünscht, geboren zu werden. Niemand hatte mich gefragt. Um ein Uhr in einer Nacht im Mai wurde ich in diese Welt gepresst und hatte gefälligst zu leben – ob ich wollte oder nicht.

Kaum hatte sich meine Mutter von den größten Strapazen erholt, wurde sie von der Hebamme nach meinem Namen gefragt.

„Gabriele", antwortete meine Mutter.

„Oh, nein", so die Hebamme, „alle Mädchen heißen Gabriele, mindestens jedes zweite, das ich auf die Welt hole. Annegret ist doch ein schöner Name."

„Ja gut, dann heißt sie Annegret", sagte meine Mutter. Meinem Vater war es egal. Und ich wurde nicht gefragt.

Das war typisch für meine Mutter. Sie hatte bereits einen Namen ausgesucht, der ihr gefiel. Doch nur eine knappe Bemerkung der Hebamme reichte aus, und ihre Entscheidung war hinfällig.

Und genauso erinnere ich mich an sie: Allen wollte sie es recht machen, jedem redete sie nach dem Mund. Ihre größte Sorge war die Meinung der anderen.

Meine Mutter

Die Mutter ist der wichtigste Mensch im Leben eines Kindes – so sollte es zumindest sein. Ich habe mir sehr oft gewünscht, eine gute und vertrauensvolle Beziehung zu ihr zu haben. Wie gern hätte ich mich von ihr trösten lassen, sie um Rat gefragt oder nur ein nettes Gespräch mit ihr geführt. Doch es sollte nicht sein.

Ich hegte nie liebevolle Gefühle für sie. Nachdem ich mein Elternhaus verlassen hatte, rief ich sie hin und wieder an, um mich nach ihrem Befinden zu erkundigen. Aber nicht aus dem Grund, weil mir diese Gespräche ein Bedürfnis waren, sondern lediglich aus einem Gefühl moralischer Verpflichtung heraus.

Meine Erinnerung an sie setzt ein, als ich ungefähr drei bis vier Jahre alt war. Da war keine liebende Mutter, die mich umsorgte. Wenn in diesen Jahren ein Mensch wichtig für mich war, so war das meine Oma.

Meine Mutter dagegen spielte kaum eine Rolle in meinem kleinen Leben. Wenn ich zu ihr kam, um mich auf ihren Schoß zu setzen, stieß sie mich weg – ich war ihr lästig. Wenn ich ihr begeistert etwas erzählen oder zeigen wollte, schickte sie mich fort – sie hatte keine Zeit.

In den ersten Jahren erinnere ich mich an meine Mutter als eine Frau, die immer traurig war, oft weinte und der alles zu viel war. Ich glaube, sie war einfach nur unglücklich. Unglücklich, weil sie einen Mann hatte heiraten müssen, den sie nicht liebte. Sie musste mit ihren Schwiegereltern zusammen in einer winzigen Wohnung leben. Es nervte sie, Tag für Tag mit einer Schwiegermutter zusammen zu sein, die sie nicht leiden konnte, und ein Kind zu haben, das sie eigentlich gar nicht wollte.

Sie hasste ihre Lebensumstände und gab mir die Schuld daran. Zumindest glaube ich das heute. Damals fühlte ich nur:

Sie will mich nicht.

Mit den Jahren wurde aus der Frau, die ständig eine leichte Trauer verströmte, eine unzufriedene, verbitterte und etwas zänkische Frau.

Zwei Dinge bestimmten ihre Beziehung zu mir. Das eine war ihre ständige Angst, ich könnte mich nicht angepasst verhalten. „Was sollen bloß die Nachbarn von dir denken?" oder „Ich muss mich ja für dich schämen", bekam ich häufig zu hören.

Das andere war ihre Überzeugung, ich sei ein hässliches Kind, und auch dafür schämte sie sich. Und sie dachte es nicht nur, sondern sagte es auch oft. Ich hatte die vorstehenden Zähne meines Vaters geerbt. Der hatte sie sich schon als junger Mann ziehen und durch falsche ersetzen lassen. Aber ich musste mit ihnen herumlaufen. Sätze wie: „Mach den Mund zu. Deine vorstehenden Zähne musst du nicht auch noch zeigen, du siehst so schon hässlich aus" oder „Hör auf zu lachen, das sieht bei dir schrecklich aus", waren an der Tagesordnung.

Gelegentlich, wenn sie besonders schlecht drauf war, kam auch ein:

„Hau ab, ich kann deine hässliche Fratze nicht mehr sehen".

Wenn meine Mutter in der Nähe war, habe ich mir die Hand vor den Mund gehalten oder die Lippen zusammengepresst. Aber das machte einen mürrischen Gesichtsausdruck, was mir ebenfalls vorgehalten wurde. Was ich auch tat, nichts war ihr recht. Wie sehr ich mir auch wünschte, anders zu sein, ich war und blieb hässlich.

Meine Mutter dagegen war eine Schönheit. Wenn ich Bilder von früher sehe, bin ich immer wieder fasziniert von ihr. Wie wenig ich doch von ihr mitbekommen habe.

Sie hatte feine, gleichmäßige Gesichtszüge und eine sehr glatte und weiche Haut. Mund und Nase waren klein und gut geformt. Wenn sie lächelte, was selten geschah, sah sie umwerfend aus.

Auf ihre Frisur legte sie allergrößten Wert. Täglich verbrachte sie viel Zeit damit, ein Haarteil einzuarbeiten und jede Locke in die richtige Position zu bringen. Ihre Haare waren braun und von blonden Strähnchen durchzogen.

Sie war klein und zierlich und immer akkurat gekleidet. Bei der Hausarbeit trug sie stets, wie früher üblich, einen Kittel oder eine Schürze.

Sollte es nicht so sein, dass eine Mutter ihr Kind liebt, egal, wie es aussieht? Warum, so habe ich mich ein Leben lang gefragt, konnte meine Mutter mich nicht so annehmen, wie ich war? Warum liebte sie mich nicht? Ich habe nie eine Antwort darauf gefunden.

Wenn ich mir heute Fotos von früher ansehe, kann ich es nicht verstehen. Als Baby sah ich ausgesprochen entzückend aus. Und später, als ich älter wurde, ja, da hatte ich vorstehende Zähne. Aber ich war zu keiner Zeit unansehnlich.

Ich brauchte Jahrzehnte, um mein Aussehen zu akzeptieren. Und was ich in diesen Jahren alles auf mich genommen habe, um mich zu verschönern, ist unglaublich.

Die Schwester meiner Mutter, Tante Resi, wohnte mit ihrer Familie im ersten Stock unseres Hauses. Die beiden Frauen verbrachten viel Zeit miteinander. So konnte ich eines Nachmittags das folgende Gespräch belauschen:

„Ach, ich weiß nicht, was ich mit unserer Annegret machen soll."

„Wieso?"

„Ach, guck Dir doch an, wie sie aussieht, diese flusigen, dünnen Haare und vor allem diese entsetzlich vorstehenden Zähne. Ach, da ist nichts Schönes dran."

„Hm, ja, aber sie ist nicht dumm, das musst Du zugeben."

„Das ist es ja, welcher Mann will schon eine schlaue Frau? Die krieg ich doch nie unter die Haube."

Ich stand hinter der Tür und konnte die beiden nicht sehen, aber das traurige Kopfschütteln meiner Mutter hatte ich trotzdem deutlich vor Augen.

Es stimmte, was sie sagte. Ich war nicht hübsch, war klein und schwächlich, schüchtern und verstockt. Alles, was ich gut konnte, war Bücher lesen, lernen und neugierig sein. Aber das sollte ich alles nicht.

Selbst völlig fremden Menschen schüttete sie ihr Herz aus und erzählte ihnen, wie sehr sie unter meinem Aussehen litt. Ich war vielleicht neun oder zehn Jahre alt, als wir Urlaub in Österreich auf einem Campingplatz in der Nähe von Klagenfurt machten.

Morgens ging ich zusammen mit meiner Mutter zu dem Haus, in dem die Toiletten, Waschbecken und Duschen untergebracht waren. Eines Tages, nachdem wir unsere Morgentoilette beendet hatten und den Raum verlassen wollten, kam meine Mutter mit einer anderen Camperin ins Gespräch. Es dauerte nicht lange, und die Unterhaltung drehte sich um mein Aussehen.

Obwohl ich danebenstand, schilderte sie dieser wildfremden Person ihr Problem in allen Einzelheiten. Sie redete und redete, traurig und kopfschüttelnd, während die andere ihr geduldig zuhörte. Schließlich packte mich die fremde Frau im Nacken, drehte meinen Kopf hin und her und begutachtete mich. Dann wies sie mit der anderen Hand auf mein Gesicht und sagte zu meiner Mutter:

„Naja, aber schöne Augen hat das Kind." Widerstrebend gab meine Mutter ihr recht. Ich riss mich los und rannte davon.

Ich wollte einfach nur weg. Wer wollte schon so ein hässliches Kind wie mich? Ich war tief verletzt und unglücklich.

Meine Mutter wurde 1931 geboren und stammte aus einer großen Familie. Sie war eines von insgesamt neun Kindern, von denen fünf überlebt hatten. Nach acht Jahren wurde sie aus der Schule entlassen und kam zu einer Hebamme in den Haushalt.

Dort hatte sie nicht nur alle anfallenden Arbeiten wie Kochen und Putzen zu erledigen, sie hatte auch allein für die einjährige Tochter ihrer Arbeitgeberin zu sorgen. Welch eine hohe Verantwortung für ein so junges Mädchen. Übrigens war dies dieselbe Hebamme, die mir Jahre später meinen ungeliebten Namen verpasste.

Nach zwei Jahren ging sie in eine Großwäscherei und wurde dort zur Büglerin ausgebildet. Diese Arbeit verrichtete sie bis zum Tag ihrer Hochzeit mit meinem Vater.

Die Heldin meiner Kindheit

Die Mutter meiner Mutter, Oma Ledvina, wohnte in Herten-Scherlebeck, ungefähr zehn Kilometer von unserem Wohnort entfernt. Ich sah sie selten, aber manchmal durfte ich bei ihr übernachten, was ich immer sehr genoss.

Ich schlief bei ihr im Doppelbett, in demselben Bett, in dem auch schon mein ermordeter Großvater geschlafen und in dem sie ihre Kinder zur Welt gebracht hatte.

Auch wenn meine Oma Ledvina mich nie in den Arm nahm, mich nie drückte oder küsste, fühlte ich mich sehr wohl in ihrer Nähe.

Sie hatte große Probleme mit ihrem Knie. Wenn sie nachts eine unkontrollierte Bewegung machte, rutschte die Kniescheibe aus dem Gelenk. Sie saß dann auf der Bettkante, massierte ihr Knie und drückte die Scheibe zurück in die richtige Position. Dabei rauchte sie.

Oma Ledvina war Kettenraucherin, und ihre ganze Wohnung, vor allem aber das Schlafzimmer, stank nach kaltem Rauch.

Wenn ich wach wurde, erzählte sie mir Geschichten von früher. Für mich waren diese Stunden etwas ganz Besonderes, und ich konnte nicht genug davon bekommen. Alles, was ich aus der Familie meiner Mutter weiß, stammt aus diesen kuscheligen Stunden in der Nacht. Meine Oma erzählte so lebendig, dass ich alles vor mir sehen konnte.

Zu Anfang des 20 Jahrhunderts waren viele Familien aus dem Osten ins Ruhrgebiet gekommen, um dort zu arbeiten. So kamen auch meine Großeltern mit ihren Eltern nach Deutschland, lernten sich hier kennen und heirateten. Oma kam aus Polen, Opa aus der heutigen Slowakei. Bis zum Zweiten Weltkrieg hatten sie und ihre Kinder die tschechische Staatsangehörigkeit.

Als Mädchen und junge Frau war Oma Magd bei verschiedenen Bauern, und ihr Mann arbeitete als Kohlenhauer im Bergwerk. Nach der Hochzeit bekamen sie zügig nacheinander neun Kinder. Meine Oma pflegte eine flotte Sprache und sagte oft im Scherz:

„Er brauchte nur seine Hose am Bettpfosten aufzuhängen, schon war ich wieder schwanger."

Von den Kindern starben bereits zwei als Säuglinge, und zwei Jungen fielen im Krieg.

Zwar gab es im Ruhrgebiet viele Zechen und somit auch genug Arbeit für Männer, die bereit waren, „unter Tage" zu schuften, aber zu Beginn der 1930er Jahre wurde es zunehmend schwieriger, eine Anstellung zu bekommen. Arbeit bekam nur, wer Mitglied in der Partei war.

Und so trat auch mein Großvater in die NSDAP, die Nationalsozialistische Arbeiterpartei Deutschlands, ein. Schließlich hatte er eine große Familie zu ernähren.

Die Nazis formierten sich zu Schlägertrupps und terrorisierten die Stadt. Wer nicht parteikonform oder in irgendeiner Form anders war, wurde zusammengeschlagen. Lieder grölend und mit Hitlergruß zogen sie durch die Straßen, verbreiteten Angst und Schrecken.

Mein Großvater aber, so erzählte Oma Ledvina, war ein sanfter und feinfühliger Mann, dem jede Form von Gewalt zuwider war. Er zog sich von seinen Parteigenossen zurück, nahm an ihren Aufmärschen und Trinkgelagen nicht mehr teil. Als sie ihn deswegen unter Druck setzten, trat er aus der Partei aus.

Einige Tage später kamen seine Arbeitskollegen und teilten Oma mit, dass ihr Mann tot sei. Sie behaupteten, sein Austritt aus der Partei sei unehrenhaft gewesen, er habe diese Schande nicht überwunden und sich das Leben genommen. Aufgehängt habe er sich.

Als meine Oma mit ihren beiden ältesten Söhnen zur Zeche kam, fanden sie seinen Körper mit Tüchern verdeckt in der

Waschkaue liegen. Seine Kollegen versuchten, zu verhindern, dass sie die Leiche sah, hielten sie fest und redeten auf sie ein. Aber sie wehrte sich nach Leibeskräften, schlug um sich, trat und biss. Schließlich gelang es ihr, die Decke wegzuziehen. Nach einem Blick auf den toten Körper lief sie schreiend davon.

Immer wenn Oma an diese Stelle in ihrer Erzählung kam, musste ich weinen. Meine arme Oma. Sie hatte den Kopf ihres Mannes gesehen, bandagiert, und jede Menge Blut war ausgetreten. So sah niemand aus, der sich aufgehängt hatte.

Er war ermordet worden, da war sich Oma ganz sicher. Die Beerdigung fand unter Bewachung der SA statt. Niemand durfte sich dem Sarg nähern. Erst, als das Grab zugeschaufelt war, zogen sie ab. Der Krieg brach aus, und meine Großmutter hatte allein für sieben Kinder zu sorgen. Das jüngste, meine Tante Resi, kam ein halbes Jahr nach dem Tod seines Vaters zur Welt.

Die beiden ältesten Söhne, Hansi und Edmund, mussten an die Front und fielen dort. Die Nachricht davon hat meine Oma fasst zerbrochen. Später bekam sie von Adolf Hitler den Deutschen Mutterorden verliehen. Voll Wut, so erzählte sie, habe sie ihn an die Wand geknallt und die Urkunde verbrannt. Nach so vielen Jahren konnte ich ihren Zorn noch immer spüren.

Wenn sie vom Krieg erzählte und die Bombennächte schilderte, war es mir, als sei ich dabei gewesen. Ich sah mich mit den anderen im engen, dunklen Keller sitzen, über uns ein entsetzlicher Lärm, Sirenen und fallende Bomben, dazwischen immer wieder Lichtblitze. Es muss die Hölle gewesen sein.

Oma konnte es nicht ertragen, im Keller zu sitzen und nichts tun zu können. Und so brachte sie nur ihre Kinder nach unten, ging wieder hoch und stellte sich verbotenerweise in den Hauseingang. Sie rauchte eine Zigarette nach der anderen und sah in den Himmel.

Regelmäßig fragte ich dann, ob sie keine Angst gehabt habe. Ihre Antwort darauf war:

„Oh ja, ich habe mir so manches Mal vor Angst in die Hose gemacht, aber ich konnte nicht anders. Ich musste unbedingt sehen, was da passiert. Wenn ich sterben musste, wollte ich das nicht in einem dunklen Keller. Ich musste immer sehen, was auf mich zukommt."

Wie sehr habe ich meine Oma Ledvina bewundert, für mich war und ist sie die mutigste Frau der Welt. Die Heldin meiner Kindertage.

Vor allem eine Geschichte hatte es mir angetan, und ich konnte sie nicht oft genug hören. Sie handelte von meiner Mutter.

Um die Kinder während der Bombenangriffe zu schützen, wurden sie evakuiert. So kam meine Mutter, ihre anderen Geschwister waren noch zu klein oder schon zu alt, in ein BDM-Heim in der Slowakei.

BDM war der Bund Deutscher Mädel, der weibliche Part in der Hitlerjugend. Alle Mädchen zwischen zehn und achtzehn Jahren waren zur Mitgliedschaft verpflichtet. Sie wurden dort im Nationalsozialismus unterwiesen und erzogen.

Als Hitlerdeutschland dem Ende zuging und die russischen Soldaten näher rückten, wurde es für die Mädchen in der Slowakei zu gefährlich. Sie mussten ihre Uniformen, schwarze Röcke und braune Jacken, verbrennen, um nicht als Angehörige des BDM erkannt zu werden.

Dann machten sie sich per Bahn und streckenweise zu Fuß in Gruppen auf, zurück nach Deutschland. In Bayern angekommen, wurden die Gruppen aufgelöst und die Mädchen aufgeteilt. Jeweils zu zweit wurden sie bei verschiedenen Bauern untergebracht und hatten dort zu arbeiten. Alles hatte seine Ordnung verloren, jeder war auf sich allein gestellt.

Am 7. Mai 1945, meine Mutter war 13 Jahre alt, wurde die Kapitulation unterzeichnet, und am 8. Mai schwiegen endlich die Waffen.

Die Zustände allerdings waren chaotisch, die Städte zerbombt und die Wohnungen behelfsmäßig. Die Menschen froren und hatten nichts zu essen.

Auch meiner Oma und ihren Kindern ging es schlecht, sie hungerten. Wie sie es dennoch allein schaffte, ihre Kinder durchzubringen, hörte sich in meinen Kinderohren wie ein einziges Abenteuer an. Alles, was sie an wertvollen Dingen besaß, hat sie gegen Lebensmittel eingetauscht. Als nichts mehr da war, hat sie sogar gestohlen.

Ich liebte diese Geschichten. Und ich liebte diese Stunden mit meiner Oma, wenn wir uns in die Kissen kuschelten und sie die Vergangenheit auferstehen ließ.

Nach Ende des Krieges beschloss Oma Ledvina, ihre Tochter zu suchen. Also ließ sie ihre kleinen Kinder in der Obhut der älteren und machte sich allein auf den Weg, was gar nicht so einfach war.

Deutschland war in vier Besatzungszonen unterteilt, und jeder, der sich von seinem Heimatort entfernte, musste eine offizielle Erlaubnis vorweisen. Meine Oma hatte keine.

Züge fuhren nur unregelmäßig und wenn, dann wurden sie für Truppentransporte oder Güter gebraucht. Privatpersonen durften sie nicht nutzen.

Um nicht aufzufallen oder gar verhaftet zu werden, huschte sie in der Dunkelheit an den Besatzern vorbei und erschlich sich so manche Mitfahrgelegenheit im Auto, indem sie den Soldaten schöne Augen machte. Nachts schlüpfte sie auf Bahnhöfe und fuhr auf den Trittbrettern der Züge mit.

Nach Tagen endlich kam sie in Bayern an. Dort wanderte sie dann von Bauernhof zu Bauernhof und fragte nach ihrer Tochter.

Als sie sie endlich fand und in ihre Arme schließen konnte, war die Erleichterung groß, und die beiden konnten auf dem gleichen Weg wieder heimfahren. Welch ein Wagnis meine Oma eingegangen war, um ihre Tochter zurückzuholen, wie viel Liebe sprach daraus.

Ich dachte damals viel darüber nach und war mir sicher, dass für mich niemand so etwas tun würde.

Mein erstes Zuhause

Unsere Wohnung war winzig und dunkel. Sie bestand aus zwei Schlafzimmern, das eine für Oma – sie war die Mutter meines Vaters –, und Opa und das andere für meine Eltern und mich. Die Küche nutzten wir gemeinsam. Das Herzstück war ein großer weißer Kohleofen mit einem Handlauf drumherum. Darauf wurde jeden Tag gekocht. Und gleichzeitig war es die einzige Wärmequelle in der ganzen Behausung. Also war es im Winter immer kalt und im Sommer vor Hitze kaum auszuhalten.

Hier saß tagein, tagaus der alte Opa in seinem Lehnstuhl und wärmte sich. Wenn er nicht gerade in der Kneipe war.

Er war 30 Jahre älter als meine Oma und schon sehr gebrechlich. Er hatte dünnes weißes Haar, das in alle Richtungen abstand, einen kugelrunden Kopf und unglaublich buschige Augenbrauen. Immer wenn ich an ihm vorbeiging, zwinkerte er mir vertraulich zu, sodass ich kichern musste.

Manchmal, wenn alle zur Arbeit waren, musste der alte Opa auf mich aufpassen. Ich setzte mich auf den Fußboden und lehnte meinen Kopf an sein Knie. Und dann begann er, zu erzählen: von dem Bauernhof, den er einst hatte, den Wiesen und Feldern, vom angrenzenden Wald, den Vögeln und seinem Freund, dem Fuchs. Dabei streichelte er mir über den Kopf und sah mich ganz lieb an.

Ewig hätte ich so sitzen mögen. Das waren die schönsten Stunden meiner ganz frühen Kindheit. Sobald die anderen nach Hause kamen, sagte er kein Wort mehr. Und ich zog mich dann mit meinem Bilderbuch in die Ecke hinter den Betten zurück, wo mich keiner sah.

Ansonsten gab es in der Küche noch einen Tisch mit einer Couch und mehreren Stühlen, einen Schrank, auf dem in der Mitte das alte Röhrenradio, damals ein echter Luxus, stand. Ein Apothekerschrank an der gegenüberliegenden Wand faszinierte mich besonders. In seinen vielen kleinen Schubladen bewahrte meine Oma ihre Kostbarkeiten auf. Das waren bunte Schleifen, unzählige Knöpfe in allen Farben, kleine Tücher, Postkarten und allerlei Krimskrams.

Das Zimmer war so klein, dass die Erwachsenen sich nur mit Mühe zwischen den Möbeln bewegen konnten. Die einzigen Lichtquellen waren ein kleines Fenster, vielleicht einen knappen Meter im Quadrat, und eine Lampe mit einem braungemusterten Schirm. Egal, ob tagsüber oder abends, es war immer schummrig in unserer Küche.

Fließendes Wasser gab es in der Wohnung nicht. Auf dem Treppenabsatz im Flur war ein Wasserhahn mit einem gusseisernen Becken. Dort holten wir und unsere Nachbarn Wasser.

Von der Küche ging eine Tür ins Schlafzimmer meiner Großeltern. Ein ausladendes schweres Doppelbett und ein wuchtiger Schrank aus dunklem Holz sowie ein weiterer Tisch waren die Möblierung. In dem Schrank herumwühlen zu dürfen, war für mich etwas ganz Besonderes. Dort waren interessante Dinge verstaut, wie zum Beispiel zwei Gasmasken.

Meine Oma erzählte mir dann, dass während des Krieges jeder so etwas haben musste, und wenn Gasalarm war, wurden sie aufgesetzt. Sie zeigte mir dann, wie es ging. Aber es war mir unheimlich, meine Oma mit dem Ding vor dem Gesicht zu sehen.

Außerdem gab es noch einen Stahlhelm, ein Eisernes Kreuz, eine Soldatenuniform und packenweise Geldscheine, die nichts mehr wert waren. Manchmal durfte ich damit spielen.

Dieses Schlafzimmer nutzte meine Oma auch für die Arbeit. Sie betrieb damals ein paar Straßen weiter eine eigene Heißmangel, zu der die Leute ihre Bett- und Tischwäsche brachten, um sie glätten zu lassen.

Damals waren viele Gardinen noch aus Baumwolle, die sich beim Waschen zusammenzogen. Diese spannte meine

Oma, damit sie später wieder akkurat vor den Fenstern hingen.

Das machte sie zu Hause in ihrem Schlafzimmer. Sie hatte dazu riesig große Holzrahmen, die man auf unterschiedliche Längen zusammenstecken konnte, je nachdem, wie groß die Gardine war. Ringsherum waren dicht an dicht Nägel angebracht, über die man Loch für Loch den Stoff zog. Anschließend wurde das Ganze mit Wasser besprüht und musste mindestens 24 Stunden trocknen. Danach hatte die Gardine wieder ihre ursprüngliche Form.

Fast täglich war das Schlafzimmer mit diesen Gestellen vollgepackt, und man kam kaum durch bis zum Bett. Aber meine Oma verdiente damit das Geld für die Familie. Mein Vater zog es schließlich vor, seinen Verdienst mit seinen Kumpeln durchzubringen.

Das dritte Zimmer, direkt vom Treppenhaus aus zu erreichen, war das Schlafzimmer meiner Eltern. Es war so schmal, dass die Ehebetten und der viertürige Kleiderschrank nicht auf gleicher Höhe stehen konnten. Wenn man zur Tür hereinkam, stand an der rechten Wand mein Gitterbettchen und gegenüber der Schrank. Dahinter waren die Betten meiner Eltern. Auch hier war alles nur eng, klein und sehr dunkel.

Eine Toilette oder gar ein Badezimmer hatten wir nicht. Es gab draußen im Hof einen Bretterverschlag, in dem für jede Familie im Haus ein Plumpsklo untergebracht war. Aber weil ich noch zu klein war, brauchte ich es nicht zu benutzen. Für mich stand ein Töpfchen unter meinem Gitterbett, das regelmäßig von meiner Oma geleert wurde.

Spielsachen hatte ich nur wenige. Da war ein kleiner Holzroller, mit dem ich auf dem Hof fahren konnte. Meine Oma schleppte ihn immer die Treppe rauf und runter, verstaut wurde er neben ihrem Bett. Dann waren da noch ein kleiner und ein großer Ball, die ich manchmal stundenlang gegen die

Wand des Nachbarhauses warf, und ein Beutel mit ein paar bunten Tonmurmeln.

Zum Spielen im Haus besaß ich meine über alles geliebte Inge, eine Schildkrötpuppe, die ich immer bei mir hatte. Dann gab es noch ein Steckspiel aus farbigen Kunststoffteilen, die man aneinanderreihen oder zu einem Ball oder ähnlichem formen konnte, und Glasperlen, die auf Schnürbänder gezogen wurden.

Ein ganz besonderer Schatz war mein Buch vom „Lieben Gott". Ich liebte die schönen Bilder von Engeln, Heiligen und Kindern im Gebet mit ihren Müttern. Gerne versteckte ich mich damit hinter den Betten meiner Großeltern und blätterte es immer und immer wieder durch.

Und dann gab es noch meine Mimi. Das war nichts weiter als ein kleines Stück Watte, das meine Mutter von Zeit zu Zeit, wenn es unansehnlich wurde, erneuerte. Die Mimi war alles für mich. Oft lag ich in meinem Versteck, hinter den Betten oder der Kohlenschütte, und fuhr mit ihr über meine Lippen, hin und her, stundenlang. Es war so wundervoll tröstend. Freunde oder gleichaltrige Kinder zum Spielen hatte ich keine.

Im Erdgeschoss des Hauses war ein Fischladen. Der Besitzer lagerte die leeren Transportkisten im Treppenhaus, wo sie einen unangenehmen Geruch verbreiteten, der bis hinauf in die Wohnung zog. Dagegen half auch kein Lüften.

Am meisten litt meine Mutter unter dieser Wohnsituation, unter der Enge, der Düsternis und vor allem meiner Oma, die alles dominierte. Die beiden mochten sich nicht. Jede redete hinter dem Rücken schlecht über die andere.

Trafen sie aufeinander, bestimmte Oma, wo es langging, und meine Mutter fügte sich. Anschließend weinte und jammerte sie dann, wie schlecht sie es getroffen hätte.

Aber sie hatte einen Plan, heimlich natürlich. Bei uns am Stadtrand entstand damals eine Neubausiedlung. Manchmal, wenn Mama mich aus den Fängen meiner Oma lösen konnte, nahm sie mich dahin mit. Dort sahen wir zu, wie riesige Maschinen am Werk waren, und beobachteten die Bauarbeiter.

Und dann schwärmte meine Mutter mir vor, wie wundervoll es sein würde, dort zu leben. Eine helle, freundliche Wohnung würden wir dort haben, nur für Papa, Mama und mich. Ohne die Oma, aber dafür mit einem Badezimmer.

Ich liebte diese Ausflüge mit meiner Mutter. Sie gehörten zu den wenigen Augenblicken, in denen ich sie glücklich erlebte.

Sie arbeitete viel, putzte und bügelte für andere Leute und verdiente so ein wenig Geld. Eisern sparte sie jeden Pfennig auf einem extra dafür angelegten Sparbuch, das unter der Matratze versteckt wurde.

Irgendwann, völlig unvorbereitet, stürmte mein Vater in unsere Wohnung mit den Worten:

„Es ist da, ich hab's gekauft"!

Völlig aufgeregt drängte er meine Oma und mich durch das Treppenhaus über den Hof auf die Straße. Meine Mutter kam zögernd und schniefend hinterher, von meinem Vater immer wieder zur Eile angetrieben.

Und da stand er, ein VW-Käfer, das Wohlstandssymbol der 50er Jahre, ockergelb mit schwarzem Schiebedach.

Mein Vater platzte fast vor Stolz. Mit einer ausladenden Handbewegung öffnete er uns die Türen. Wir mussten einsteigen; Oma und ich hinten, meine Mutter auf den Beifahrersitz. Mein Vater klemmte sich hinter das Steuer, startete den Wagen und fuhr los, zuerst kreuz und quer durch die Stadt und dann raus aufs Land.

Währenddessen redete er ununterbrochen wie ein Wasserfall. Er erklärte die verschiedenen Schalter, die Funktionsweise des Motors und was er in Zukunft alles mit dem Auto machen würde.

Ich verstand nicht viel von dem, was er sagte, aber so aufgeregt und begeistert hatte ich meinen Vater noch nie erlebt. Und in all den Jahren später habe ich ihn nie wieder so viel und so leidenschaftlich reden hören. Ihn so zu sehen und zu hören, war wirklich einmalig.

Ich zappelte vor Begeisterung. So schnell war ich noch nie unterwegs gewesen, die Bäume und Häuser rasten nur so an uns vorbei. Das war einfach schön.

Während Oma und ich die Fahrt in vollen Zügen genossen und uns an der vorüberfliegenden Landschaft erfreuten, liefen meiner Mutter die Tränen über das Gesicht. Hin und wieder schniefte sie leise vor sich hin oder schüttelte traurig den Kopf.

Das verstand ich nun überhaupt nicht. Autofahren war doch wunderschön.

Viele, viele Jahre später erfuhr ich von Oma, was passiert war. Mein Vater hatte das Sparbuch gefunden und kurzerhand leergeräumt. Er hatte sich davon ein Auto gekauft, und meine Mutter musste sich die nächsten Jahrzehnte weiter mit der ungeliebten Schwiegermutter arrangieren.

Gib Papa ein Küsschen

Wir hatten Besuch, Tante Maria und Onkel Werner, und alle saßen in der Küche. Meine Mutter hatte mich zum Schlafen zurechtgemacht, zog mich nun hinter sich her zu den Erwachsenen, damit ich allen „Gute Nacht" sagen konnte. Artig ging ich von einem zum anderen.

Jeder bekam sein Küsschen. Nicht freiwillig, es wurde so von mir verlangt. Und ich gehorchte. Als die Reihe an meinen Vater kam, wurde ich bockig und schüttelte meinen Kopf. Keine Ahnung, warum, aber ich wollte ihn nicht küssen.

Heute ist es völlig in Ordnung, wenn Kinder ihren eigenen Willen haben. Es wird als Ausdruck eines gesunden Selbstbewusstseins gewertet. Nicht so in den 50ern und schon gar nicht in meiner Familie.

Also forderte mein Vater mich streng auf:

„Gib Papa ein Küsschen!"

Störrisch schüttelte ich den Kopf, presste die Lippen aufeinander und sah zu Boden.

„Sieh' mich an, wenn ich mit dir rede!"

Ich schaute in weitaufgerissene Augen, die mich wütend anblitzten. Der erste Schlag aufs Hinterteil kam überraschend. Erschrocken hielt ich die Luft an. Er packte mich an den Armen und schüttelte mich.

„Gib Papa ein Küsschen!"

„Nein."

Immer wieder verlangte er:

„Gib Papa ein Küsschen, verdammt noch mal!"

Und immer wieder schüttelte ich eigensinnig meinen Kopf.

Nach jeder Weigerung schlug er härter zu. Ich war außer mir vor Angst und versuchte, mich loszureißen. Ich hörte meinen Vater schnaufen und schreien, sah sein zornrotes Gesicht, die großen funkelnden Augen und den weitaufgerissenen Mund. Er wollte seinen Kuss. Seine Schläge trafen mich überall. Mein Körper flog hin und her. Es tat so weh.

Ich war noch so klein, so zart, gerade einmal vier Jahre alt. Also gab ich auf, und zitternd vor Angst küsste ich ihn.

„Jetzt kannst Du ins Bett gehen."

Meine Mutter nahm mich an die Hand und zog mich hinter sich her ins Schlafzimmer Sie legte mich ins Bett und ging wieder zu den anderen.

Da lag ich nun, alles tat mir weh, und ich war verzweifelt, zitterte, jammerte und weinte. Doch da war keiner, der mich tröstete, mich in den Arm nahm. Aus der Küche hörte ich sie reden und lachen. Es dauerte lange, bis ich endlich einschlief.

Alle waren sie dabei gewesen, hatten am Tisch gesessen und zugeschaut: meine Mutter, Onkel, Tante, Oma und der alte Opa. Keiner hatte etwas gesagt, keiner mir geholfen.

Danach habe ich meinem Vater nie wieder seinen Kuss verweigert. Noch Jahrzehnte später küsste ich ihn jedes Mal zur Begrüßung und zum Abschied, routinemäßig und ohne darüber nachzudenken. Egal, wie alt ich war.

Mein Vater

Als wir noch in Brassert wohnten, bekam ich ihn selten zu Gesicht. Wenn er nicht arbeiten war, unternahm er ausgedehnte Motorradfahrten mit seinen Kumpeln oder ging auf Sauftour, gern auch zu Boxkämpfen. Manchmal war er tagelang verschwunden.

Wenn er dann auftauchte, gab es Streit, wurde es laut. Meine Mutter machte ihm Vorhaltungen, er bestand darauf, dass er machen könne, was er wolle. Meine Oma versuchte, mit energischen Worten zu schlichten. Und ich? Ich versteckte mich unter dem Bett oder hinter dem Ofen. Dort hielt ich mir die Ohren zu und tröstete mich mit meiner Mimi.

Ich kann mich nicht erinnern, dass mein Vater mich jemals auf den Arm oder nur an die Hand genommen hätte. Nicht ein einziges liebevolles Wort hat er je an mich gerichtet.

Ich hatte Angst vor ihm. Angst vor seinem jähzornigen Wesen, seiner stets lauten Stimme, vor allem aber vor seiner Unberechenbarkeit.

Bei der kleinsten Kleinigkeit, die ihm nicht passte, wurde sein Gesicht puterrot, er begann, laut zu atmen, riss die Augen auf, und dann ging es los. Er brüllte, schlug zu oder stürmte einfach nur davon.

Jahrzehntelang verfolgte mich seine Stimme mit den atemlos hervorgepressten Worten:

„Ich schlag dich krankenhausreif!"

Erst nach seinem Tod verstummte sie auch in meinem Inneren endgültig.

Trotzdem liebte ich meinen Papa und versuchte alles, um ihm zu gefallen, ihm ein nettes Wort abzuringen. Aber nichts half. Artigkeit war selbstverständlich und wurde nicht bemerkt, besondere Leistungen wurden mit einem knurrigen „Das kann ich ja wohl von dir erwarten" oder „das ist ja wohl das Mindeste" kommentiert.

Meine Sehnsucht nach etwas Zuneigung von ihm war unermesslich. Für ein einziges liebes Wort hätte ich alles getan.

Als Kind habe ich unter seinem Verhalten verzweifelt gelitten. Als junge Frau überwog ein Gefühl von Wut und oft genug auch Hass. Irgendwann wurde daraus Gleichgültigkeit.

Mein Vater hat aber nicht nur mich in Angst und Schrecken versetzt, er hatte die ganze Familie im Griff. Sein Wort war Gesetz, und niemand wagte es, zu widersprechen. Selbst seine Mutter, also meine Oma, fürchtete ihn.

Als ich ungefähr zehn Jahre alt war, hat sie mir einmal, nach einem seiner Ausbrüche, unter dem Siegel der Verschwiegenheit erzählt, sie habe Angst, dass er genauso würde wie sein Vater. Dieser sei böse, jähzornig und gewalttätig gewesen.

So ganz verstand ich damals die Furcht meiner Oma vor der Zukunft nicht, denn all das war mein Vater doch schon jetzt.

Wenn mein Vater ausging, zu seinem Stammtisch, Kegelclub oder zum Kartenspielen, warf er sich in Schale. Als Letztes zog er seine Schuhe in der Küche an. Er sah an sich hinunter und rief:

„Helma, Schuhe putzen!"

Dann kam meine Mutter angelaufen, das Putzzeug in der Hand, kniete vor ihm nieder und wienerte seine Schuhe. Währenddessen sah er mit hochgerecktem Kopf herrisch um sich.

Mit meinen sieben Jahren habe ich diese Situation gehasst. Schon als Kind empfand ich diese Geste als erniedrigend und abwertend. Damals habe ich mir geschworen, niemals einem Mann die Schuhe zu putzen. Und ich kann mit Erleichterung und Stolz behaupten, dass ich es bis zum heutigen Tage auch nicht ein einziges Mal getan habe.

In Sachen Geld war er überheblich. Wenn er sein Portemonnaie auf den Küchentisch legte, wagte meine Mutter nicht

einmal, es anzufassen und an die Seite zu rücken. Er gab viel
Geld für persönliche Dinge und seine Kumpel aus. Anschlie-
ßend brüstete er sich damit. Für Ausgaben der Familie hatte er
wenig Verständnis. Ein immer wiederkehrender Satz war:
„Ich halte euch schließlich alle am Kacken!"
Was übersetzt hieß:
„Ich verdien das Geld, und ihr tut, was ich sage."

Mein Vater hatte die Volksschule besucht, die er nach acht
Jahren mit mäßigem Erfolg verließ. Danach ging er, wie es damals für viele Jungen im Ruhrgebiet üblich war, als Knappe
zur Zeche Brassert. Von meiner Oma weiß ich, dass er diese
Arbeit hasste, und wann immer es möglich war, drückte er
sich davor.

Seine große Leidenschaft aber war das Fahren und Repa-
rieren von Autos. Schon bald bekam er eine Anstellung beim
örtlichen Elektrizitätswerk. Dort fuhr er zunächst die Lkw mit
den riesigen Kabelrollen, später den Chef und verschiedene
Vorstandsmitglieder in deren Nobelkarossen.

Er verdiente außergewöhnlich gut und hatte dabei viel
Freizeit, die er üblicherweise vor sich hindösend auf der
Couch verbrachte.

Als er in Rente ging, verbrachte er noch mehr Zeit an diesem von ihm so geliebten Ort.

Man sagt, wenn du über jemanden nichts Gutes zu erzählen weißt, dann solltest du schweigen. Und so habe ich lange
überlegt. Irgendetwas muss es doch geben. Und tatsächlich fiel
mir eine kleine Geschichte ein.

Ich war ungefähr zwölf Jahre alt und besuchte die Realschule. Wir hatten von unserem Kunstlehrer die Aufgabe bekommen, einen blühenden Baum zu malen. Es war Mai, und
die Obstbäume standen in voller Blüte.

Neben der Bank hinter unserem Haus stand ein Apfelbaum, der eine sehr eigenwillige Form hatte. Durch einen

Blitzschlag hatte sich der Stamm im oberen Drittel gespalten. Dadurch hatten sich auf unterschiedlicher Höhe zwei Kronen gebildet.

Ich setzte mich auf den Hof und malte diesen Apfelbaum mit Wasserfarben ab. Mir gefiel mein Werk, und ich legte es zum Trocknen auf den Küchentisch.

Wenig später kam mein Vater von der Arbeit nach Hause, sah das Bild, nahm es hoch und betrachtete es eingehend. Dann schaute er mich an und sagte:

„Das ist ja unser Apfelbaum. Du hast ihn genauso gemalt, wie er aussieht. Ein schönes Bild."

Dann legte er es aus der Hand und ging auf seine geliebte Couch. Ich aber war überglücklich. Mein Vater hatte mich gelobt! Wie wunderbar sich das anfühlte.

Traurig ist nur, dass es die einzige schöne Erinnerung an meinen Vater ist.

Kindererziehung à la Oma

Als meine Eltern mit Entsetzen feststellten, dass ich unterwegs war, zählten sie gerade einmal 19 Jahre. Jung und unerfahren, wie sie waren, und ohne Geld, blieb ihnen nichts anderes übrig, als die Hilfe meiner Oma in Anspruch zu nehmen.

Und Oma Schröder gefiel die Abhängigkeit, in die die beiden dadurch gerieten. Kaum war ich auf der Welt, meldete sie Ansprüche an. Ihrer Meinung nach war meine Mutter nicht in der Lage, für ein kleines Kind zu sorgen. Und meine Mutter, getreu ihres Naturells, überließ mich ihr gern.

So kam es, dass es meine Oma war, die sich zur Kirche des Heiligen St. Bonifatius zu Marl-Brassert aufmachte, um mich taufen zu lassen. Sie trug mich auf dem Arm, meinen Vater, Tante Maria und Onkel Werner hatte sie im Schlepptau. Oma und Onkel Werner waren meine Taufpaten. Ich war gerade einmal vier Tage alt, und meine Mutter lag noch im Wochenbett.

Ich liebte meine Oma, obgleich sie kein warmherziger Mensch war. Jegliche Form von Zärtlichkeit war ihr fremd. Nur der Kuss zur Begrüßung oder zum Abschied war auch bei ihr obligatorisch. Aber nie schlug sie mich oder schrie mich an. Ihre Erziehungsmethoden waren nachhaltiger.

Oma erzog mit Angst. Gingen wir zum Beispiel durch unseren Ort, hörte ich bei jedem Überqueren der Straße ein:

„Pass auf, sonst fährt dich das Auto tot!"

Hin und wieder war ich, wie andere Kinder auch, frech zu meiner Mutter. Dann sprach Oma sehr eindringlich zu mir:

„Du darfst nicht so ungezogen zu Mama sein, sonst geht Mama tot!"

Bildete sich bei meinem Vater die Zornesfalte auf der Stirn, zog sie mich eilig fort und flüsterte eindringlich:

„Du musst immer lieb sein, sonst wird der Papa böse!"

Als wir später in das Haus meiner Urgroßeltern zogen, hatte ich dort ein Kaninchen, klein, schwarz mit einem weißen Näschen und wunderbar kuschelig. Ich liebte mein Fritzchen heiß und innig. Zu dem Zeitpunkt war ich vielleicht sieben oder acht Jahre alt und vergaß schon mal das Füttern. Aber auf Oma war Verlass, sie dachte stets daran. Allerdings nicht, ohne mir einzuschärfen:

„Wenn du Fritzchen kein Futter gibst, geht er tot."

Und eines Tages passierte es dann. Ich spielte gerade mit meinem Ball, als Oma mich zu sich rief, um mich an mein Kaninchen zu erinnern. Und natürlich prophezeite sie auch diesmal seinen Tod. Sofort lief ich los, um das Versäumte nachzuholen.

Welch ein Entsetzen – er war tatsächlich tot. Auf dem Rücken liegend, die vier Pfoten von sich gestreckt, sahen mich seine Knopfaugen vorwurfsvoll an.

Schreiend lief ich zu Oma:

„Fritzchen ist tot, Fritzchen ist tot." Ich war außer mir.

„Nein, nein, das habe ich doch nur so gesagt", versuchte sie, mich zu beruhigen. Hektisch zog ich sie hinter mir her zum Stall. Dort standen wir beide dann vor dem Käfig, Oma erschrocken und ich laut jammernd und weinend. Ich hatte mein geliebtes Fritzchen umgebracht.

Mich fährt das Auto tot, wenn ich nicht aufpasse. Bin ich frech zu Mama, geht sie tot, und mein Fritzchen ist tot. Was war nur los mit mir, brachte ich allen nur Unglück?

Ständig lebte ich in der Angst, etwas falsch zu machen oder jemand käme durch mich zu Tode.

Meine Oma

Oma Schröder war während meiner Kindheit die wichtigste Person für mich, meine Bezugsperson. Auch wenn sie nicht besonders gefühlvoll oder liebevoll war, hatte ich Vertrauen zu ihr. Sie redete nicht viel, sondern packte an.

Geboren wurde sie 1904 als ältestes von drei Kindern. Ihre Geschwister waren Dora, die ich noch kennengelernt habe, und Willi, der im Zweiten Weltkrieg bei einem Bombenangriff auf die Chemischen Werke Hüls ums Leben kam.

Ihr Vater baute 1907 das Haus in der Westerholter Straße, in dem die drei Geschwister aufwuchsen.

Meinen Vater brachte sie 1931 zur Welt. Ein paar Jahre später heiratete sie den Mann, der für mich immer nur der „alte Opa" war. Früher hatten ihm große Ländereien und ein Bauernhof an der Lippe gehört.

Zu der Zeit, als ich ein kleines Mädchen war, wurden in Marl gerade die Chemischen Werke erweitert, und die Stadt kaufte aus dem Grund den Bauern ihr Land ab. Man erzählte sich, der alte Opa habe sich lange geweigert, zu verkaufen, und am Ende sei er enteignet worden.

Das Geld, das er dafür bekam, hat er dann nach und nach versoffen. Ich erinnere mich noch gut daran, wie es war, wenn er wieder einmal von Oma oder meinem Vater aus der Kneipe geholt wurde. Was war das für ein Geschrei und Gezeter. Erst wurde er mühsam die Treppe hinauf ins Schlafzimmer geschleppt, wo er dann schimpfend ins Bett polterte. Dann beschimpfte mein Vater Oma, die zurückschrie. Meine Mutter bejammerte lautstark die unerträglichen Verhältnisse, in denen sie gelandet war. Und ich versteckte mich.

Der alte Opa starb, als ich ungefähr sechs Jahre alt war, und hinterließ meiner Oma statt der erhofften Versorgung nur Schulden, sodass sie zeit ihres Lebens bis weit ins Rentenalter hart arbeiten musste.

Sie führte bessergestellten Frauen den Haushalt, putzte die Büros auf dem Zechengelände der Auguste-Viktoria in Hüls oder arbeitete in der Heißmangel. Die meiste Zeit hatte sie mehrere Arbeitsstellen gleichzeitig.

Ich war Omas Kind. Überall, wohin sie ging, nahm sie mich mit, ganz egal, ob zum Einkaufen, zum Friseur, zum Zahnarzt oder auf einen ihrer ständigen Besuche bei ihren Freundinnen und Bekannten. Wo Oma war, da war auch ich, immer fest an ihrer Hand.

Ich glaube, sie hat mich sehr geliebt, gezeigt allerdings hat sie es nie. Ich kann mich nicht erinnern, bei ihr auf dem Schoß gesessen zu haben oder von ihr liebkost worden zu sein. Sie tröstete mich, indem sie mir etwas kaufte. Auf diese Weise zeigte sie mir ihre Zuneigung.

Wenn ich etwas falsch machte oder nicht hören wollte, zog sie mich einmal kräftig an der Hand. Das war so heftig, dass ein harter Ruck durch meinen ganzen Körper ging. Dazu zischte sie dann:

„Nu … anständig!" Und ich beeilte mich, meinen Fehler sofort wiedergutzumachen.

Anstand und Moral gingen ihr über alles, besonders bei anderen. Aus dem Haus ging sie nur korrekt gekleidet, immer mit Hut und egal, wie heiß es war, sie trug Strümpfe. Frauen in Hosen waren ihr zuwider und verleiteten sie zu einem abfälligen:

„Was das wohl für eine ist, dass die sich nicht schämt."
Ich erinnere mich noch gut an eine Begebenheit, die typisch für meine Oma war. Sie sah eine schwangere Frau im Fernsehen, die im Übrigen sittsam gekleidet war, und geriet außer sich:

„Dass die so etwas jetzt sogar im Fernsehen zeigen!", rief sie immer wieder entrüstet aus.

Die Erklärung dafür findet sich vielleicht in ihrer eigenen Vergangenheit.

So war sie eben: prüde und mit einer festen Vorstellung davon, was sein durfte und was nicht. Nie habe ich erlebt, dass sie sich herzlich gegeben hätte oder auch traurig, nie habe ich sie laut lachen hören. Sie bewahrte stets Haltung.

Ihr Haar trug sie, so lang ich sie kannte, in immer gleicher Form: aus dem Gesicht herausgekämmt, vorn durch Wellenreiter in Form gebracht und hinten in kleinen Löckchen. Auf der Nase thronte stets eine Brille mit dicken Gläsern, je nachdem, ob sie weit sehen, lesen oder handarbeiten wollte.

Sie trug meist einen dunklen Rock und dazu eine Bluse oder einen Pullover, sonntags kam ein Kleid zu Ehren. Ein Mantel musste sein, im Winter wie im Sommer. Im Haus und natürlich im Garten trug sie einen bunten Baumwollkittel, um die gute Kleidung zu schonen. Kittelschürzen nannte man die Dinger, die die Kleidung bis auf die Arme komplett verhüllten.

Meine Oma war auch sehr katholisch und hielt die Regeln der Kirche strikt ein. So ging sie nicht nur jeden Sonntag zum Gottesdienst, sondern auch werktags, sie betete regelmäßig und befolgte die Zehn Gebote. Raum für eine eigene Auslegung oder gar Toleranz war da nicht. Jeden Morgen, wenn ich in die Küche kam, war ihre erste Frage:

„Hast du heute schon gebetet"?

Wenn nicht, hatte ich das unter ihrer Aufsicht nachzuholen.

Ich liebte meine Oma. Sie schrie mich nie an, haute mich nie und das Wichtigste: Sie hatte Zeit für mich. Gleichzeitig, von ein paar wenigen vertrauten Gesprächen abgesehen, gingen wir sehr distanziert miteinander um. Außer einem Kuss zum Abschied oder zur Begrüßung gab es keinerlei körperliche Kontakte. Herzlichkeit war ihr einfach fremd.

Ajax

Mein Vater hatte einen Hund, einen schwarzen Schäferhund, der in einem kleinen Zwinger auf unserem Hof lebte. Zweimal am Tag ging mein Vater hin, gab ihm etwas zu fressen und ließ ihn raus. Bei der Gelegenheit versuchte er, ihn abzurichten. Er sollte sitzen bleiben oder sich hinlegen, auf Kommando zu ihm kommen oder einen Stock apportieren.

Aber Ajax hatte seinen eigenen Kopf. Und jedes Mal, wenn er nicht gehorchte, bekam er Prügel mit dem Stock, und mein Vater brüllte:

„Willst du wohl parieren!"

Mir taten die Schläge genauso weh wie dem Hund, und wir jaulten beide um die Wette. Doch was mein Vater auch versuchte, der Hund gehorchte einfach nicht und wurde nach kurzer Zeit wieder in den Zwinger gesperrt.

Manchmal durfte Ajax mit in die Wohnung, wo er dann ununterbrochen hin- und herlief. Überall schlug sein Schwanz an. Ich hatte Angst vor ihm, und das spürte er. Immer wenn ich in seine Nähe kam, schnappte er nach mir.

Einmal durfte ich meinen Vater und Ajax auf einem Fahrradausflug begleiten. Am Lenker des Fahrrads wurde ein Korb befestigt, in den Papa mich setzte. Dann nahm er Ajax an die Leine, schwang sich aufs Rad, und los ging's. Wir fuhren die Brassertstraße entlang, an der Zeche vorbei, hinaus zum Kanal.

Es war einfach wundervoll, wir waren so schnell unterwegs, der Wind zerzauste meine Haare, und alles roch irgendwie so gut.

Mein Vater hielt kurz an, um den Hund von der Leine zu lassen. Zunächst lief dieser auch brav neben dem Fahrrad her. Doch plötzlich sah er ein Kaninchen und schoss wie ein geölter Blitz hinter ihm her. Innerhalb kürzester Zeit war nichts mehr von ihm zu sehen.

Mein Vater rief und pfiff, aber der Hund war weg. In ihm kochte die Wut hoch, er lief dunkelrot an, atmete schwer und konnte sich nur noch mit Mühe beherrschen. Ich hatte Angst.

Er stieg vom Rad und lehnte es an einen Baum. Im Weggehen schnauzte er noch:

„Beweg dich ja nicht, sonst fällst du um!"

Da saß ich nun, hoch oben über der Erde und traute mich nicht, mich zu rühren. Sobald ich nur ein kleines bisschen mein Gewicht verlagerte, wackelte das Fahrrad. Ich hatte Angst, wagte kaum, zu atmen, und es verging eine Ewigkeit, bis mein Vater zurückkam. Er hatte Ajax an der Leine und schlug mit dem losen Ende auf ihn ein. Ohne ein weiteres Wort ging es nach Hause.

Artgerechte Hundehaltung geht anders. Der bedauernswerte Ajax wurde mit der Zeit immer bissiger und musste schließlich eingeschläfert werden.

Das erste Mal im Heim

Ich war ein sehr kleines und schwaches Kind, in meiner körperlichen Entwicklung stark verzögert. Als ich vier Jahre alt war, wurde bei einer Röntgenreihenuntersuchung, die damals von Zeit zu Zeit durchgeführt wurde, ein Schatten auf der Lunge festgestellt. Der Arzt befürchtete eine schwere Erkrankung und wies mich in ein Kindersanatorium ein.

Was damals niemand wusste, war, dass ich von Geburt an einen schweren, mehrfachen Herzfehler hatte, der erst 40 Jahre später operativ korrigiert wurde.

Insgesamt war ich ungefähr drei Monate in dem Heim. Es war eine schreckliche Zeit. Ich war mit Abstand das jüngste Kind dort, und die anderen wollten nichts mit der Kleinen zu tun haben.

Wir gingen viel spazieren, mussten auch tagsüber häufig in warme Decken eingepackt draußen auf Feldbetten liegen. Ständig mussten wir uns, nur mit Unterwäsche bekleidet, in Reih und Glied aufstellen. Wir wurden gewogen, gemessen und unsere Lungen wurden abgehorcht.

Und, das war für mich das Schrecklichste überhaupt, wir wurden zum Milchtrinken gezwungen. Da half kein Jammern, Klagen und Sichwehren, Milch musste sein, morgens, mittags und abends. Danach habe ich bis zum heutigen Tag freiwillig keinen Tropfen mehr davon angerührt, mich ekelt davor.

Wir schliefen zu acht in einem Zimmer. Es war schon Spätherbst und empfindlich kalt. Aber außer im Speiseraum war in keinem Zimmer ein Ofen. Und so froren wir erbärmlich, wenn wir zu Bett mussten.

Deshalb bekamen wir alle ein Bettjäckchen vom Heim. Es war hellgrün und aus einem festen warmen Stoff genäht. Weiße Baumwollfäden, von ungefähr sechs Zentimetern Länge, waren durch den Stoff gezogen und hingen lose doppelt herunter. Sie fielen dicht an dicht, sodass es wie ein weißer Pelz aussah.

Abends oder auch während des Mittagschlafes kuschelte ich mich in eine Ecke des Bettes, zog langsam und bedächtig Faden um Faden heraus und aß ihn auf. Ich weiß nicht, warum ich das tat, ob aus Hunger, Langeweile oder Einsamkeit. Das Schimpfen der Schwestern half überhaupt nicht, genauso wenig wie der regelmäßige Klaps auf die Finger. Schon nach den ersten Wochen war ich das einzige Kind mit einer glatten grünen Bettjacke.

Es war kurz vor Weihnachten, und die anderen Kinder redeten von nichts anderem. Ich verstand nicht so recht, was das war, aber es schien etwas ganz Einmaliges zu sein. Eine besondere Bedeutung bekam das Ganze, weil sich die Ärzte entschlossen, die meisten von uns überraschenderweise eher zu entlassen.

Ich wurde von meinen Eltern abgeholt und freute mich auf dieses Weihnachten, war ganz aufgeregt. Aber als wir endlich zu Hause waren, war alles wie immer, nichts passierte.

Zwei Tage später schleppte meine Oma einen großen Karton die Treppe hinauf in unsere Wohnung.

„Das ist für dich", sagte sie und half auch gleich beim Auspacken.

Zum Vorschein kam eine hölzerne Bank. Den Sitz konnte ich anheben, und in ihrem Bauch wurden meine wenigen Spielsachen verstaut. Sie bekam ihren Platz eingezwängt zwischen Ofen und Fenster. Ich setzte mich darauf und baumelte mit den Beinen. Ich war immer noch so klein, dass sie selbst von einer Kinderbank nicht bis auf den Fußboden reichten.

Meine Oma, aber auch alle anderen Erwachsenen um mich herum, hatten die Angewohnheit, in meinem Beisein über mich zu reden, als sei ich gar nicht anwesend.

Und so traf sie dann kurz darauf eine ihrer vielen Freundinnen beim Einkaufen und plauderte mit ihr. Während Oma mich an der Hand hielt, lauschte ich interessiert dem Erwachsenengespräch. Ich hörte, wie meine Oma zu der anderen Frau sagte:

„Ja, und stell dir vor, wenn ich dem Kind nicht diese Sitz-bank gekauft hätte, wäre Weihnachten ganz ausgefallen."

Jetzt wusste ich endlich Bescheid. Weihnachten war, wenn Kinder eine eigene Sitzgelegenheit bekamen.

Im Kindergarten

Natürlich besuchte ich auch einen Kindergarten, einen katholischen, der von Schwestern des Ordens „Unserer Lieben Frau" geführt wurde. Zusätzlich arbeiteten dort auch zwei junge Frauen als Hilfskräfte, die sehr nett waren.

Vor den Nonnen aber hatten wir riesigen Respekt. Sie waren dick und von Kopf bis Fuß schwarz gekleidet. Über ihren Haaren trugen sie schwarze Schleier, und ihre Gesichter waren von einem weißen, in kleine Falten gelegten Stück Stoff umrahmt.

Stets erzählten sie ernst und mit erhobenem Zeigefinger, was wir durften und was nicht. War ein Kind tatsächlich einmal unartig, wurde es von den Nonnen kurzerhand übers Knie gelegt. Und sie schrieben eine sehr harte Handschrift, diese „Nonnen der Lieben Frau". Überhaupt konnte gelegentlich der Verdacht aufkommen, sie seien ein wenig sadistisch veranlagt.

Ich schloss keine Freundschaften mit anderen Kindern. Die meiste Zeit hielt ich mich abseits und wartete darauf, dass meine Oma mich wieder abholte. Die Zeit bis dahin vertrieb ich mir mit Malen und Perlenaufziehen. Ganz besondere Augenblicke waren es, wenn von den Nonnen oder Helferinnen vorgelesen wurde.

Ich erinnere mich an einen Tag, an dem ein schreckliches Gewitter niederging. Wir hatten gerade unser Frühstücksbrot gegessen, als es draußen dunkel wurde. Schwarze Wolken zogen sich zusammen, und die ersten Regentropfen fielen. Von Ferne hörte man schon leises Donnergrollen, und hin und wieder erhellte ein Blitz den Himmel.

Fasziniert standen wir am Fenster und schauten hinaus. Wir hatten jede Menge Fragen dazu. Für die Nonnen war es die Gelegenheit, vom lieben Gott zu erzählen und gleichzeitig erzieherisch wirksam zu werden.

Und so erzählten sie uns, dass das Donnern das Schimpfen des lieben Gottes sei, weil wir nicht artig waren. Natürlich bestätigten wir sofort, dass wir immer folgsam wären. Doch für die Damen war klar, dass das nicht sein konnte, denn sonst würde Gott ja nicht schimpfen. In allen Einzelheiten sprachen sie darüber, und wir waren sehr verunsichert.

Das Unwetter wurde heftiger. Der Regen prasselte, Blitz und Donner folgten immer schneller aufeinander.

„Ja, ja", sagten die Nonnen, „ihr müsst ja wirklich sehr frech gewesen sein, dass der liebe Gott so erzürnt ist. Aber das wird euch eine Lehre sein."

Mittlerweile war das Gewitter direkt über uns, zwischen Blitz und Donner gab es fast keine Pause mehr, völlige Dunkelheit wechselte sich ununterbrochen mit Tageshelle ab. Es war ein Höllenspektakel.

In unserer Panik liefen wir durch den Raum und suchten unter den Tischen Schutz. Die Stühle zogen wir eng heran. Wir weinten und hielten uns aneinander fest, drückten unsere Köpfe nach unten, hatten solche Angst. Warum nur war dieser Gott so entsetzlich böse mit uns?

Aus den Augenwinkeln sah ich hinüber zu den Nonnen, die am Rand standen. Sie hatten ihre Arme vor ihren dicken Busen verschränkt, die Hände in die Ärmel gesteckt. Sie lachten, richtig zufrieden sahen sie aus. Ich werde diesen Anblick nie vergessen. Eine ganze Kindergruppe sitzt verängstigt unter den Tischen, und die katholischen Frauen amüsiert das.

Eines der Mädchen hatte sich vor lauter Angst eingenässt, ein Bächlein lief unter dem Tisch hervor. Da war für die Nonnen der Spaß vorbei. Das Kind wurde hervorgezogen, ausgeschimpft und bekam obendrein noch einen heftigen Klaps. Dann bekam es einen Eimer mit Wasser und einen Lappen in die Hand gedrückt und durfte sauber machen.

Ausflüge in eine andere Welt

Einmal in der Woche besuchten Oma und ich ihre Eltern, die ungefähr fünf Kilometer von uns entfernt wohnten. Wir gingen zu Fuß, und ich war schon müde, wenn wir dort ankamen. Stunden vorher begann ich, mich auf den Ausflug zu freuen.

Es war großartig dort, alles war so hell, luftig und weit. Ich liebte diesen wunderschönen Bauerngarten. Hier wuchsen viele Blumen, in allen Größen und Farben, und Gemüse, ordentlich in Reih und Glied. Alle Beete waren mit niedrigen, schnurgrade geschnittenen Buchsbaumhecken eingefasst. Am Ende des Gartens standen, ebenfalls in ordentlicher Reihe, Johannis- und Stachelbeersträucher. Alte Apfel- und Birnbäume hatten ihren Platz entlang des Hauptweges.

Weiter hinten gab es eine Bleiche, auf der ein knorriger Apfelbaum stand. Später, als ich älter wurde, kletterte ich dort hinauf, wenn ich allein sein oder heimlich meine Bücher lesen wollte. Es war ein erstklassiges Geheimversteck, in dem mich niemand vermutete.

Auf dieser Bleiche breitete meine Uroma immer die gewaschenen Bettlaken aus, um sie in der Sonne zu trocknen. Damals waren diese Laken aus Leinen, das immer eine leichte grau-braune Färbung hatte. Alle ein oder zwei Stunden ging meine Uroma hin und besprengte die Laken mit frischem Wasser. Wenn den ganzen Tag die Sonne schien, waren sie abends richtig weiß.

Hier konnte ich stundenlang spielen oder einfach nur im Gras liegen und den Wolken hinterhersehen. Es roch so wundervoll. Ich kam mir vor wie in einer anderen Welt. Die Sonne schien wärmer, und der Regen war weich wie Seide.

Viele Tiere gab es in dem Haus in der Westerholter Straße. Im Stall, der an die Waschküche anschloss, wurde ein Schwein gemästet, und nebenan lebten die Hühner und Gänse. Letztere wurden morgens von meiner Uroma auf die Wiese ans Ende des Gartens gebracht und abends wieder reingeholt.

In der Waschküche lebte die Alte. So war der Name unserer Katze. Zweimal im Jahr bekam sie kleine Katzenbabys. Solange meine Uroma lebte, durfte niemand den Kleinen etwas antun. Sie wurden von der Katzenmutter großgezogen, und die meisten von ihnen verschwanden irgendwann, und niemand wusste, wohin. Später änderte sich das zu meinem Entsetzen, da wurden sie von meinem Onkel getötet und verscharrt.

Gleich neben dem Schlafplatz der Alten stand mein größter Besitz, ein eigener Puppenwagen. Hier hinein legte ich meine geliebte Inge und auch die Katzenbabys. Wenn ich sie dann voller Stolz den Hauptweg entlangschob, lief die Katzenmutter wie ein Hund neben mir her.

Auf der Wiese holte ich die Kätzchen heraus und spielte mit ihnen. Allerdings hatten sie ihren eigenen Kopf und wehrten sich gegen meine Kuschelversuche, und so hatte ich oft verkratzte Hände, Arme und Beine.

Meine Uroma mochte ich sehr gern. Sie war klein und mollig. Das Auffälligste an ihrem Gesicht waren ihre dicken, sehr roten Wangen. Und sie konnte so warm und lieb gucken.

Auch wenn ihre einzige Liebesbezeugung darin bestand, mir über den Kopf zu streicheln, freute ich mich jedes Mal, wenn ich sie sah. Auf Etikette legte sie besonderen Wert, und so gehörte ein Knicks zur Begrüßung unbedingt dazu.

Überhaupt wurde gutes Benehmen damals großgeschrieben. „Bitte", „Danke", das schöne, soll heißen rechte Händchen geben, knicksen und nicht laut lachen waren ein unbedingtes Muss. Vergaß ich etwas davon, gab es einen Knuff von Oma.

So gerne ich meine Uroma hatte, so sehr scheute ich vor dem Uropa zurück. Er hatte sein Leben unter Tage verbracht und vor Ort Kohle gehauen. Jetzt im Alter litt er an einer

Staublunge. Und so lag er die meiste Zeit im Bett, röchelte und hustete und konnte kaum sprechen.

Wenn ich an sein Bett trat, nachdem die beiden Omas sämtliche Überredungskünste aufgewendet hatten, freute er sich. Er versuchte dann, sich aufzurichten, um mich zu streicheln. Aber das strengte ihn so sehr an, dass er kaum ein Wort hervorbrachte und verzweifelt nach Luft rang.

Manchmal, wenn wir in der Küche saßen und sein Rufen nicht hörten, stand er auf und kam bis zur Tür. Mühsam stützte er sich dabei an den Möbeln ab. Zwischen Küche und Wohnzimmer war eine Stufe, sodass er noch größer als seine 1,90 m zu sein schien. Für mich riesig.

Er hielt sich im Türrahmen fest, die langen grauen Haare standen in alle Richtungen, seine durchdringend blickenden Augen lagen in tiefen, dunklen Höhlen. Auch wenn er nur unter Husten, Räuspern und Spucken seine Wünsche hervorbringen konnte, spürte ich seine herrische, keinen Widerspruch duldende Art und fürchtete mich.

Sofort sprangen dann die beiden Omas auf, stützten ihn auf beiden Seiten und brachten ihn zurück ins Bett. Danach beeilten sie sich, seinen Wünschen gerecht zu werden.

Außerdem wohnten in dem Haus ganz oben eine Familie mit zwei kleinen Kindern und in der Mitte eine ältere Witwe mit ihrer unverheirateten Tochter, die in Marl einen kleinen Tabakladen hatten.

Die untere Wohnung war geteilt. In der einen Hälfte wohnten meine Urgroßeltern und in der anderen eine Frau mit ihrem alten blinden Vater.

Auch wenn alle Zimmer nicht mehr als 16 qm hatten, waren sie größer als die in unserem Zuhause und vor allem viel heller. Die im vorderen Teil des Hauses hatten sogar jeweils zwei Fenster, und es gab auf jeder Etage fließendes Wasser.

Aber auch hier musste man für seine Geschäfte ein Plumpsklo benutzen. Das für uns war in der Waschküche und für die anderen beiden Familien im angrenzenden Fahrradschuppen. Der Blinde und seine Tochter mussten ums Haus herumgehen zu dem Stall, in dem die Tiere untergebracht waren. Dazu gab es noch einen weiteren Schuppen, der getrennt vom Haus stand. Darin waren Holz, Baumaterial und die Gartengeräte untergebracht.

Da ich immer nur mit meiner Oma zusammen war, wurde sie zu meinem Vorbild. Eifrig bemühte ich mich, sie in jeder Form zu imitieren. Ich hatte keine Freunde oder gleichaltrige Kinder, mit denen ich spielte. Also tat ich das, was Oma tat.

So war es für mich selbstverständlich, dass ich die Mieter meiner Urgroßeltern besuchte und mich dabei wie eine kleine Erwachsene benahm. Während Oma und Uroma ihren Kaffee tranken, machte ich mich auf den Weg zu den Leuten. Ich begrüßte sie höflich, bat darum, hereinkommen zu dürfen, setzte mich zu ihnen an den Tisch und ließ die Beine baumeln. Alle waren sehr nett zu mir und behandelten mich nachsichtig.

Ein Becher Kakao und ein üppiges Stück Kuchen beendeten unseren wöchentlichen Ausflug. Beim Abschied flossen reichlich Tränen, denn mein Puppenwagen musste dortbleiben, genauso wie die Kätzchen, die Sonne und die Leichtigkeit. Es ging zurück in die muffige, dunkle Enge der Brassertstraße.

Wir gingen immer allein zur Westerholter Straße. Als ich meine Oma einmal fragte, warum meine Eltern nicht mitkämen, sagte sie nur:

„Das will die Uroma nicht, der Papa darf da nicht ins Haus."

Tatsächlich war mein Vater nur ein einziges Mal zur Beerdigung meines Uropas dort. Als aber zwei Jahre später auch die Uroma gestorben war, konnte er gar nicht schnell genug dort einziehen und den Hausherrn spielen. Warum das so war, verstand ich damals noch nicht.

Der Tod meiner Urgroßeltern

Im Herbst 1956 starb mein Uropa. Am Abend vor der Beisetzung gingen meine Eltern und die Oma gemeinsam mit mir zur Westerholter Straße. Als wir ankamen, waren die meisten Möbel aus dem Wohnzimmer geräumt worden, und die Stühle standen an der Wand. Dort saßen die Nachbarn und beteten murmelnd den Rosenkranz.

Eine Frau lief umher und reichte Getränke und Essen. Meine Uroma saß zwischen den Frauen und weinte. Ich war vier Jahre alt und verstand nicht viel von dem, was dort vor sich ging, niemand hatte mir erklärt was es bedeutete, zu sterben. Aber die gedrückte Stimmung, die vielen schwarzgekleideten Menschen, die leise gemurmelten Gebete, all das war beklemmend und ängstigte mich.

Meine Oma hatte mich an der Hand und ging zielstrebig auf das Schlafzimmer zu. Ich wusste, dass darin mein Uropa liegt, und dachte, wir besuchen ihn wie immer. Aber welch ein Erschrecken, als die Tür aufging.

Schon zu Lebzeiten hatte die Erscheinung des Alten mich geängstigt – die Größe, dieser mächtige Kopf mit den buschigen Haaren und die tief in den dunklen Höhlen liegenden Augen.

Jetzt aber hatte man das Schlafzimmer umgeräumt. Direkt gegenüber der Tür stand der Sarg mit meinem toten Urgroßvater. Sein riesiger Kopf ruhte auf weißen Spitzenkissen, das Haar war sorgfältig gekämmt, die Augen geschlossen. Seine Hände, die plötzlich ebenfalls riesig aussahen, lagen gefaltet auf der Decke, und ein Rosenkranz mit braunen Glasperlen war um seine Finger geschlungen.

Um den Sarg herum waren schwarze Paravents aufgestellt und dahinter Lampen, abgedunkelt mit schwarzem Krepppapier. Dadurch erschien das Licht in dem Zimmer, vor allem aber auf dem Gesicht meines Uropas, lila. Das Kopfende des

Sarges war erhöht, so als wolle er jeden Moment aus seinem Totenbett aufstehen.

Entsetzt schrie ich auf und wollte davonlaufen, aber meine Oma hielt mich mit eiserner Hand. Ich wehrte mich mit aller Kraft, schrie weiter und trat nach ihr.

Das war zu viel für meinen Vater. Er packte und schüttelte mich. Als ich nicht sofort aufhörte, zu schreien, schlug er zu:

„Willst du dich wohl anständig benehmen!", grollte er.

Ich aber heulte nur weiter und versuchte, mich loszureißen. Da griff eine von den Nachbarinnen ein, hielt meinen Vater am Arm und sagte:

„Lass doch das Kind."

Diesen Moment nutzte ich und entwischte ihm. Durch seine Beine hindurch lief ich aus dem Zimmer, aus dem Haus und den Gartenweg entlang. Ich rannte und rannte, bis ich nicht mehr konnte. Dann ließ ich mich auf die Bleiche fallen und bebte am ganzen Körper. Ich verstand nur, dass etwas ganz Entsetzliches passiert sein musste.

Niemand kam mir nach, nahm mich in den Arm und tröstete mich. Niemand kam und erklärte mir, was passiert war. Irgendwann ging ich ins Haus zurück und verdrückte mich in eine Ecke. Der Anblick der Leiche war für mich so grauenvoll gewesen, dass ich wochenlang Albträume hatte und nicht mehr zu schlafen wagte. Selbst heute noch kann ich meinen toten Urgroßvater in dem schaurig zurechtgemachten Schlafzimmer in allen Einzelheiten vor mir sehen.

Am nächsten Tag war die Beisetzung. Früh morgens fuhren wir zur Westerholter Straße, wo schon alle Nachbarn mit ernsten Gesichtern und schwarzer Kleidung versammelt waren.

Vor dem Haus stand ein Gefährt, mit vier Pferden davor. Die Pferde trugen Decken über dem Rücken und Scheuklappen an den Seiten ihrer Augen. Die Fenster der Kutsche waren mit Schabracken verhüllt. Alles war in Schwarz gehalten, mit Fransen und Troddeln, teilweise golden bestickt.

Sechs Männer in steifen schwarzen Anzügen, Zylindern auf dem Kopf und weißen Handschuhen an den Händen gingen ins Haus und holten den Sarg mit meinem Urgroßvater heraus, um ihn in die Kutsche zu stellen.

Für mich gab es keine Erklärungen. Ich begriff einfach nicht, wieso mein Uropa in einer Kiste durch die ganze Stadt gefahren und schließlich sogar in ein Loch gelegt wurde. Der arme Opa bekam doch so schlecht Luft, und nun musste er in diesem geschlossenen Kasten liegen. Wusste denn niemand, wie schrecklich das für ihn ist? Ich war völlig verwirrt, aber wagte nicht, zu fragen. Mich drückte die Angst, etwas falsch zu machen und wieder Haue zu bekommen.

Die Pferde zogen an, und die Kutsche setzte sich langsam in Bewegung. Meine Oma und ihre Schwester, Tante Dora, nahmen ihre Mutter in die Mitte und stützten sie. Ich lief wie immer fest an der Hand von Oma nebenher. So ging es ganz langsam durch Alt-Marl bis zur Kirche. Überall am Straßenrand blieben die Leute stehen, wenn wir vorbeikamen. Die Männer zogen ihre Hüte, und alle neigten den Kopf.

Vor dem Kirchenportal wurde der Sarg von den Zylindermännern von der Kutsche gehoben und in die Kirche getragen. Nachdem er vor dem Altar aufgebaut war, nahmen wir Platz, und der Gottesdienst begann, natürlich wie damals üblich in lateinischer Sprache. In der Kirche kannte ich mich aus, auch wenn es eine andere war als die, in die ich sonst mit Oma ging. Ich setzte mich ihr zu Füßen auf die Kniebank und tröstete mich mit meiner Mimi.

Nach der Kirche ging die Prozession weiter zum Friedhof. Am Eingang wurde der Sarg abermals abgeladen und auf ein Gefährt gestellt, das von den sechs Männern mit Handschuhen und Zylindern gezogen wurde. Dieser Handkarren war ebenfalls verkleidet mit einer schwarzen, goldbestickten Schabracke mit Fransen und Troddeln. Unterhalb dieser Decke waren drei Löcher in den Seitenwänden.

In meiner kindlichen Phantasie war ich fest davon überzeugt, dass dort der Teufel saß und meinen Uropa holen wollte. Auf dem Weg zum Grab lief ich zwischen meinen Eltern, die ihren Platz ganz am Ende der Prozession hatten. Es waren viele Menschen, die meinem Urgroßvater das letzte Geleit gaben. Ununterbrochen wurde murmelnd gebetet, mal der Priester vorn, mal die Gemeinde. Ich aber konnte das nicht so genau unterscheiden und glaubte, in dem Gemurmel den Teufel zu hören, der unter dem Sarg saß und auf meinen Uropa wartete. Ich hatte solche Angst, dass er ihn erwischen würde!

Als später unter Gesang und Gebet der Sarg in das ausgehobene Grab hinuntergelassen wurde, war mir klar: Jetzt hatte der Teufel gewonnen, und er würde mit meinem Uropa schnurstracks zur Hölle fahren. Ich war untröstlich, denn auch wenn ich mich vor meinem Uropa gefürchtet hatte, so war er mir doch stets lieb gewesen.

Zwei Jahre später starb meine Urgroßmutter. Als es diesmal eines Abends bei uns hieß, die Uroma sei tot, wir müssen da hin, war ich vorgewarnt. Ich wappnete mich, indem ich bereits auf dem Weg in die Westerholter Straße in meine innere Welt abtauchte. Im Haus angekommen, drückte ich mich in eine Ecke und wurde unsichtbar.

Auch diesmal wollte meine Oma mit mir ins Sterbezimmer gehen, um die Uroma anzuschauen. Ich schüttelte nur stumm den Kopf. Immer wieder sagte sie:

„Du kannst ruhig mitkommen, die Uroma sieht aus, als ob sie schläft."

Aber ich ließ mich nicht beirren und ging nicht hinein. Dieses Mal ließen sie mich gewähren.

Zu dieser Beerdigung gab es keine Kutsche mit Pferden, sondern ein großes Auto, in den der Sarg hinten hineingeschoben wurde. Auch der Wagen fuhr im Schritttempo vor, und wir folgten in Prozession erst zur Kirche und später zum Friedhof.

Das anschließende Kaffeetrinken mit den Nachbarn fand im Wohnzimmer statt. Aus meiner Ecke heraus beobachtete ich die Erwachsenen. Sie stießen zum Wohle der Uroma mit Schnaps an. Je länger sie zusammensaßen, umso fröhlicher wurden sie. Es wurde gelacht und gescherzt, und ich verstand die Welt nicht mehr. Da hatten sie nun gerade meine arme Uroma in der Erde begraben, und nun amüsierten sie sich.

Neckarsteinach

Ostern 1958 sollte ich eingeschult werden. Bei der Untersuchung wurde wieder festgestellt, dass ich zu klein, zu schwach und in meiner körperlichen Entwicklung zurückgeblieben sei. Der Arzt riet, meinen Schulbesuch um ein Jahr zu verschieben und mich stattdessen sechs Wochen in ein Kinderheim zur Erholung zu schicken.

Wieder musste ich in ein Heim. Ich hatte Angst davor und wollte nicht. Aber meine Wünsche waren nicht verhandelbar. Und so begann Oma mit den Vorbereitungen für meine Reise.

Jedes Kind bekam für die Zeit des Aufenthaltes eine Nummer, die in alle Kleidungsstücke eingenäht werden musste. Ich hatte die Nummer 17. Spielsachen durften nicht mitgenommen werden, und ich musste mich von meiner heißgeliebten Inge trennen, was mich viele Tränen kostete.

Ein weiteres Problem war der Koffer. Während ich im Heim war, wollten meine Eltern eine kurze Urlaubsreise unternehmen, aber wir hatten nur einen Koffer. Für einen zweiten fehlte das Geld.

Also wurden kurzerhand zwei Pappkartons gepackt und Holzgriffe daran befestigt, sodass man sie bequem tragen konnte.

Die Kosten für meine Reise und Unterbringung wurden von der Stadt getragen. Somit konnten Oma und Mama mich im Taxi zum Bahnhof nach Recklinghausen bringen.

Dort angekommen, nahmen die beiden mich in ihre Mitte, und in der anderen Hand trug jede einen meiner Kartons. Im Warteraum stand eine Gemeindeschwester, in Schwesterntracht und Häubchen, die mich in Empfang nahm. Die anderen vier Kinder, die gemeinsam mit mir reisen sollten, waren schon da.

Die Schwester schickte meine Oma und Mutter sofort zurück, damit, wie sie sagte, der Abschied nicht so schwerfiele. Und eh ich mich versah, waren sie auch schon weg, und ich stand mit meinen Pappschachteln allein da. Die Schwester gab mir die Hand und sprach sehr freundlich zu mir, sagte auch ihren Namen, den ich in der Aufregung aber nicht verstand.

Begeistert umringten mich die anderen Kinder und plapperten wild drauf los. Aber sie waren mir fremd, und die Umgebung ängstigte mich. Ich fing an, zu weinen. Als sie sahen, dass meine Sachen in Kartons verpackt waren, lachten sie mich aus. Sie alle hatten richtige Koffer, die zum Teil sogar neu waren. Ich habe mich so geschämt.

In dem Moment fuhr auch schon der Zug ein. So ein riesiges, fauchendes Ungetüm, das alles in eine dunkle, stinkende Wolke hüllte, hatte ich noch nie gesehen. Und dann sollte ich da hineinsteigen. Es würde mich fressen, ich weinte noch lauter und wehrte mich. Kurzerhand wurde ich hineingewuchtet, meine Pappschachteln flogen hinterher.

Die anderen Kinder kletterten ganz begeistert in das Monstrum, drängelten und schubsten sich gegenseitig, um den besten Platz zu ergattern. Ein Pfiff ertönte, es wurde laut gerufen, zischend und kreischend setzte sich die Dampflok in Bewegung.

Die Reise dauerte fast den ganzen Tag. Zweimal mussten wir umsteigen, wobei der Zugbegleiter der Schwester mit unserem Gepäck half. Zwischendurch aßen wir Butterbrote.

Wenn den anderen langweilig wurde, spielte die Schwester mit ihnen „Ich sehe was, was du nicht siehst." Ich aber rollte mich in einer Ecke auf dem Sitz zusammen und holte meine Mimi aus der Tasche, die ich zu Hause, als keiner hinsah, heimlich eingesteckt hatte. Mit der einen Hand hielt ich mir die Augen zu, mit der anderen strich ich mir mit meiner Mimi über das Gesicht und träumte.

Endlich kamen wir in Heidelberg an. Am Bahnhof wartete ein kleiner Bus auf uns, mit dem wir nach Neckarsteinach fuhren. Immer wieder zeigte die Schwester auf den Fluss, die Berge und Burgen, erzählte, wie schön es hier doch sei. Aber ich wollte nicht schauen, sah nur auf meine Hände und hatte große Angst.

An der breiten Treppe, die in das Heim führte, stiegen wir aus und warteten. Sofort waren wir von einer Schar Jungen und Mädchen umringt, die uns mit neugierigen Fragen löcherten. Die Schwestern regelten derweil die Übergabe der Kinder.

Wir wurden hinauf unters Dach geführt, wo die Schlafräume lagen. Es gab vier, je zwei für Jungen und Mädchen. Zwischen den beiden Mädchenschlafräumen lag ein kleines Zimmer, in dem die Schwester schlief. In unserem Zimmer standen ungefähr zwanzig Betten, links und rechts an der Wand. Die vier, die mit mir gekommen waren, durften sich ein freies Bett aussuchen.

Mich aber nahm die Pflegerin an die Seite und wies auf eine Pritsche, die allein und abseits an der Tür zu ihrem Raum stand.

„Du schläfst da", sagte sie, „Deine Mutter hat eingetragen, dass du noch ins Bett machst."

Das Ganze natürlich so laut, dass die anderen es hörten und laut loslachten. Wie habe ich mich wieder geschämt.

Nachdem wir unsere Nachthemden ausgepackt hatten, zeigte uns die Schwester, wo der Waschraum war.

Das machte mich sprachlos. Keramikwaschbecken und Toiletten hatte ich noch nie gesehen. Ich kannte nur ein Plumpsklo und den Wasserhahn im Flur. Jetzt nur nichts falsch machen, sonst würden die anderen wieder lachen. Also erst mal schauen, wie die anderen diese Dinge benutzten.

Wenn wir uns in den folgenden Wochen schlafen legten, war das für die anderen immer ein großer Spaß. Sie hatten Bettnachbarinnen, mit denen sie flüsterten und kicherten. Ab und zu gab es eine Kissenschlacht. Verlangte dann die Schwester energisch nach Ruhe, löste das eine Lachsalve unter den Bettdecken aus.

Sie waren zusammen und hatten viel Vergnügen miteinander. Ich aber war allein, mein Bett stand abseits, und niemand tuschelte und lachte mit mir. Die meisten Abende schlief ich unter Tränen ein, und meine Mimi weichte völlig auf. Die Schwester warf sie mit einem Kopfschütteln weg.

Wenn Ruhe eingekehrt war, kam die Nachtwache noch einmal zu mir und schickte mich auf die Toilette. In den meisten Nächten ging alles gut, nur selten waren morgens die Laken nass. Aber dann machte die Schwester ein ziemliches Drama daraus und stand lamentierend daneben, während ich das Bettzeug abziehen und zum Trocknen ausbreiten musste. Wie haben die anderen Kinder gelacht. Und ich wünschte mich weit, weit weg.

Tagsüber wurden wir beschäftigt; wir bastelten, bekamen vorgelesen, spielten draußen „Blinde Kuh" oder „Teekesselchen". Jeden Tag machten wir uns in Gruppen auf, um im angrenzenden Wald spazieren zu gehen. Oft sammelten wir dabei Heidelbeeren, die anschließend bei der Köchin abgeliefert wurden. An diesen Abenden gab es dann Heidelbeersuppe. Das war echt lecker, darauf freute ich mich.

Zweimal in der Woche war Posttag. Alle Kinder gingen dann in den Hof und stellten sich in einem großen Kreis auf. Die Oberschwester stand in der Mitte und ließ sich von einer Pflegerin Briefe und kleine Päckchen anreichen. Sie rief den Namen des Kindes auf, das trat vor und nahm seine Post in Empfang. Den Kleinen wurden die Nachrichten von zu Hause später vorgelesen.

Vater, Mutter, Oma, Opa, ältere Geschwister, Onkel und Tanten, alle schrieben sie. Es gab Kinder, die bekamen stapelweise Post, andere nur zwei oder drei Briefe in der Woche.

Ich stand auch im Kreis und wartete darauf, dass mein Name aufgerufen würde. Jedes Mal war ich voller Vorfreude.

„Heute", sagte ich mir, „heute ist bestimmt ein Brief für mich dabei."

Und jedes Mal schlich ich mit gesenktem Kopf davon. In all den sechs Wochen, die ich allein in Neckarsteinach war, kam von meiner Familie nicht ein einziger Brief.

Am Ende wurden wir, wie auf der Hinreise, wieder in Begleitung zurückgebracht. Als der Zug in Recklinghausen auf dem Bahnhof einfuhr, standen da mein Vater, meine Mutter und Oma.

Alle trugen sie schwarze Kleidung, und da wusste ich, dass nach meinen Urgroßeltern nun auch der alte Opa gestorben war. Ich war sehr, sehr traurig.

Wir ziehen um

Wenige Wochen, nachdem ich aus Neckarsteinach zurück war, zogen wir in die Westerholter Straße – Papa, Mama und ich.

Innerhalb von zwei Jahren waren die Urgroßeltern und der alte Opa gestorben. Ich vermisste sie so sehr. Jetzt musste ich auch noch auf meine Oma verzichten, denn die blieb in der Brassertstraße.

Solange ich denken konnte, war meine Oma an meiner Seite, immer waren wir zusammen, um alles hatte sie sich gekümmert. Und nun, von einem Tag auf den anderen, war ich allein.

Wann immer ich entwischen konnte, lief ich zu ihr. Der Weg war weit und nicht ungefährlich. Wie viel Prügel habe ich zu der Zeit bezogen, nur weil ich bei Oma sein wollte und mein Vater mich zurückholen musste. Aber warum haben sie mich nicht einfach bei ihr gelassen? Meine Eltern wollten mich doch gar nicht!

Wenn ich zu Hause war, verbrachte ich die meiste Zeit allein im Garten oder auf dem Hof, mit meiner Puppe, den Katzen und dem Roller. In den Kindergarten konnte ich nicht mehr, der war zu weit weg. Außerdem sollte ich bald in die Schule kommen.

Mein Vater verließ morgens das Haus, kam zum Mittagessen zurück, schlief anschließend auf der Couch, fuhr wieder zur Arbeit und kam gegen Abend heim. Nach dem Abendessen zog er sich um und ging zum Kegeln, Doppelkopfspielen, zum Fußball oder nur zu seinen Kumpeln. Manchmal sah er abends zusammen mit meiner Mutter fern.

Meine Mutter war im Haus und kümmerte sich um Ordnung und Sauberkeit oder auch nicht. Ich muss gestehen, ich weiß nicht, womit sie sich die Zeit vertrieb. Sie war da und gleichzeitig auch nicht.

Wenn mir allein zu langweilig wurde, lief ich fort zu Oma, egal, welchen Ärger mir das einbrachte.

In der Nähe wohnten zwei Mädchen, die genauso alt waren wie ich. Brigitte, mit der ich gemeinsam die Schule besuchte, stammte aus einer großen Familie und hatte noch drei Schwestern und einen Bruder. Und Renate, die allerdings eine Schule in Brassert besuchen musste, denn sie war evangelisch. Ende der 50er Jahre gab es noch die konfessionsgebundenen Schulen.

Ich war es nicht gewohnt, mit anderen Kindern zu spielen, und wollte es auch gar nicht. Viel lieber las ich meine Bücher, zuerst nur Bilderbücher, später richtige, oder spielte mit meinen Katzen.

Das Lesen gefiel meiner Mutter gar nicht. Meine Bücher nahm sie mir häufig weg, weil sie meinte, zu viel lesen sei nicht gut für mich. Mama las nie. Die Freude an Büchern entdeckte sie erst viele Jahre später, als ich schon aus dem Haus war.

Mich schickte sie nach draußen zu den anderen Kindern. Aber mir gefiel das nicht besonders. Schon bevor Renate oder Brigitte kamen, um mich abzuholen, hatte ich mir ein Buch geschnappt und mich im Apfelbaum oder im Schuppen hinter dem Gerümpel versteckt. Immer hatte ich Angst, die Mädchen könnten bemerken, wie es bei uns zu Hause wirklich war.

Wir wohnten in den drei Zimmern, in denen vorher meine Urgroßeltern gelebt hatten. Sogar ihre Möbel in Wohnzimmer und Küche übernahmen wir. Nur das Schlafzimmer wurde gegen das meiner Eltern ausgetauscht.

Auch mein Gitterbett musste mit und stand im Schlafzimmer meiner Eltern neben dem Kleiderschrank. Ich war mittlerweile sechs Jahre alt und schlief immer noch in einem Gitterbett.

Dieses Bett hatte der Vater von meiner Tante Maria zu deren Geburt aus einfachen Latten zusammengebaut und weiß gestrichen. Sie waren ungefähr fünf Zentimeter breit und wurden oben von einem dicken Handlauf zusammengehalten. Sie waren recht hoch, und ich musste mich beim Klettern ziemlich anstrengen. Aber nur so konnte ich überhaupt raus- oder reinkommen. Es war etwas länger und breiter als die üblichen gekauften Gitterbetten.

Oft habe ich meine Eltern gebeten, mir doch ein richtiges Bett zu kaufen. Aber sie sagten nur:

„Du passt doch noch hinein, das ist doch noch gut."

Nachdem meine Schwester geboren war, schlief sie in einem kleinen Gitterbettchen auf der anderen Seite des Schafzimmers, neben dem Bett meiner Eltern. Jetzt war ich zwölf Jahre alt und schlief genau wie meine nur wenige Wochen alte Schwester in einem Gitterbett.

Nie habe ich andere Mädchen mit ins Haus gebracht, aus Angst, sie könnten sehen, wie ich schlafen musste. Ich habe mich so dafür geschämt.

Zu meinem Geburtstag im darauffolgenden Jahr bekam ich endlich eine Schlafcouch geschenkt. Unter wochenlangem Gejammer meiner Mutter über das schöne Geld, das ich nun wieder kostete. Mit dreizehn Jahren durfte ich endlich in einem richtigen Bett schlafen.

Ein gutes Jahr später bekam ich sogar ein eigenes Zimmer. Nachdem der alte blinde Mann gestorben und seine Tochter ausgezogen war, wurde unsere Wohnung um die beiden Zimmer vergrößert. Ich schlief in dem kleinen Hinterzimmer und Oma wohnte wieder bei uns in dem größeren.

Eines Abends sagte Papa zu mir:

„Morgen fährst du nicht mit dem Roller, der hat einen Platten und muss erst repariert werden."

„Ja, Papa."

Doch schon am nächsten Morgen hatte ich seine Ansage vergessen, denn ich war erst sechs Jahre alt. Ich schnappte mir den Roller und brauste los.

Doch schon nach ein paar Metern passierte es. Ein Stein lag im Weg, der Lenker wurde mir aus der Hand geschlagen, und ich stürzte mit dem Gesicht voran zu Boden. Ich blutete aus Mund und Nase, es tat höllisch weh. Erschrocken schrie ich auf.

Im nächsten Moment wurde ich hochgerissen. Mein Vater schlug mich. Stieß mich weg. Zog mich wieder heran, schüttelte mich, schlug mich erneut. Dabei brüllte er, knallrot im Gesicht, mit sich überschlagender Stimme:

„Ich habe dir doch gesagt, du darfst den Roller nicht nehmen! Habe ich das nicht gesagt?"

Am nächsten Tag ging meine Mutter unter viel Geschimpfe mit mir zum Zahnarzt. Ein Zahn war herausgebrochen.

Nun ist es nicht so, dass mein Vater täglich schlug, aber er war unberechenbar. Mal war ich ungehorsam, mal war ich im Weg, manchmal war es auch nur die sprichwörtliche Fliege an der Wand, die ihn störte. Andererseits konnte es auch vorkommen, dass ich wirklich etwas anstellte, und er sah darüber hinweg. Nie wusste ich, ob es im nächsten Moment losging. Nie fühlte ich mich sicher.

Diese ständig während Unsicherheit verstörte mich zutiefst und ist mir lebenslang erhalten geblieben.

Wie ich mich bei seinen Prügelattacken fühlte, kann ich mit Worten nicht ausdrücken, aber fühlen kann ich es bis zum heutigen Tag.

Ich will nicht mehr leben

Meine Urgroßmutter war, genau wie meine Oma, ein sehr bodenständiger, zupackender Mensch. Meine ältesten Erinnerungen an sie zeigen eine Frau, die in Holzpantinen und mit dunkelblauer vorgebundener Schürze über den Hof oder durch den Garten läuft. In der Hand stets ein Gartengerät oder Messer, immer bei der Arbeit.

Besonderen Eindruck hat ihr Umgang mit dem Beil bei mir hinterlassen. Sie spaltete damit dicke Baumscheiben oder machte Anmachholz für ihr Feuer. Dazu hatte sie einen großen Hauklotz, der auf dem Hof stand. In seiner Mitte steckte stets die Axt.

Wenn eine ihrer Legehennen in die Jahre gekommen war und nicht mehr jeden Tag ein Ei produzierte, wanderte sie in den Suppentopf. Uroma öffnete dazu den Hühnerstall und ging hinein. Sofort erscholl aufgeregtes Gegacker und Geschrei, fast so, als wüssten die Hennen, was ihnen blüht.

Breitbeinig und vornübergebeugt schlich sie sich an das auserwählte Huhn. Dabei murmelte sie beruhigende Worte, die aber kaum Wirkung zeigten. Dann verharrte sie völlig still, und zack, griff sie zu und hatte das Tier am Wickel. Es wurde in ihre Schürze eingeschlagen und aus dem Stall in den Hof getragen.

Dann packte sie es an der Stelle, wo der Hals in den Körper übergeht, und legte es mit dem Kopf auf den Hauklotz. Das Huhn wehrte sich nach Leibeskräften, schlug mit den Flügeln, sodass die Federn nur so stoben; dabei gackerte und schrie es ganz erbärmlich. Meine Urgroßmutter hatte alle Mühe, es zu halten.

Mit der linken Hand hielt sie die Henne, mit der rechten griff sie das Beil und schlug blitzschnell zu. Das Blut spritzte und lief am Hauklotz hinunter, und das Geschrei brach ab. Aber die Flügel schlugen für einen Moment noch weiter. Nicht selten glitt ihr das Tier aus der Hand und taumelte noch ein paar Schritte ohne Kopf über den Hof, bevor es blutüberströmt zusammenbrach. Meine Uroma packte den Körper und hängte ihn mit den Füßen an die Wäscheleine, damit das restliche Blut herauslief. Schon kurze Zeit später, das Blut auf dem Hauklotz war getrocknet, setzte sie sich darauf, nahm die Henne zwischen ihre Beine und begann, die Federn auszurupfen.

Meine Oma stand daneben und schaute zu. Eine Wolke aus weißen Federn umgab die beiden alten Damen. Wahrscheinlich machte sich keine der beiden Gedanken darüber, was ein kleines Kind fühlt, wenn es Zeuge einer solchen Gewalttat wird. Sie plauderten und lachten, während ich vor Grauen fast wie gelähmt war.

Diesen Hauklotz gab es auch noch, als wir in das Haus an der Westerholter Straße einzogen. Er stand am Rand des alten Schuppens, und mein Vater benutzte ihn nur, um Holz zu hacken. Das Blut der vielen Tiere, die auf ihm zu Tode gekommen waren, hatte ihn dunkel gefärbt, und ich umschlich ihn häufig mit sehr gemischten Gefühlen. Der Hauklotz faszinierte mich.

In dieser Zeit, ich war sieben Jahre alt und ging seit Ostern in die Schule, hatte ich zum ersten Mal Selbstmordgedanken. Es war nicht so, dass ich wirklich sterben wollte, wusste ich doch zu dem Zeitpunkt gar nicht genau, was das bedeutete.

Ich erhoffte mir etwas anderes. In meiner grausigen Phantasie stellte ich mir vor, dass ich meinen Kopf auf den Hauklotz lege, das Beil mit beiden Händen ergreife und mir selbst den Kopf abschlage, genauso, wie ich es bei den Hühnern gesehen hatte.

In allen Einzelheiten sah ich vor meinem geistigen Auge, wie mein Vater nach Hause kam, nach hinten in den Stall ging und mich in meinem Blut liegen sah. Ich hörte ihn entsetzt aufschreien, er rannte zu meiner Mutter, um sie zu holen und ihr das Entsetzliche zu zeigen.

Dann sah ich sie an meinem offenen Grab stehen. Meinem Vater liefen die Tränen über die Wangen, er weinte und schluchzte immer wieder:

„Aber ich habe sie doch so lieb gehabt, ich habe sie so lieb, ich wusste das gar nicht!"

Stundenlang konnte ich mich mit dieser Phantasie beschäftigen. Immer wieder und wieder sah ich den Film vor meinem inneren Auge ablaufen und hörte die Worte:

„Ich habe sie doch so lieb gehabt."

Ich war in diesem Moment einfach nur glücklich, wenigstens in Gedanken. Allein die Vorstellung, mein Vater könnte etwas für mich empfinden, tat so gut. Ich wollte doch einfach nur, dass er mich ein bisschen liebt.

Später, als ich zwölf Jahre und mehr zählte, änderte sich meine Vorstellung von meinem Tod. Ich wollte dadurch nicht mehr die Liebe meines Vaters erringen, sondern ich wollte wirklich sterben.

Oftmals, wenn ich mal wieder eine Tracht Prügel von meinem Vater bekommen hatte, oder meine Mutter ihr „Hau ab, ich kann deine hässliche Fratze nicht mehr sehen" gezischt hatte, dann wollte ich nicht mehr leben. Wenn ich wieder mal unglücklich, verzweifelt und einsam war, wenn niemand da war, um mich zu trösten oder nur ein einziges liebes Wort zu sagen, dann wollte ich wirklich sterben.

Ich lief dann den ganzen Nachmittag durch Marl. Ich versuchte, mich vor ein Auto zu werfen, oder überlegte, ob ich im Teich im Stadtpark ertrinken könnte. Manchmal fuhr ich nach Hüls und lief dort die Treppen zum einzigen Hochhaus hinauf, das ich kannte. Dort oben stand ich lange Zeit und wünschte mir, springen zu können. Ich schaffte nichts davon, aber die Gedanken daran trösteten mich.

Ich war sechs, zwölf oder auch mehr Jahre alt und so einsam und unglücklich, dass ich regelmäßig darüber nachdachte, meinem Leben ein Ende zu setzen. Nachdem ich aus

Marl weg war, wurden diese Gedanken weniger und hörten irgendwann auf.

Wenn ich den Gedanken an Selbsttötung genügend ausgekostet hatte, setzte bei mir wieder der Verstand ein. Dann dachte ich über Möglichkeiten nach, auf andere Weise mein Leben zu verändern. Ich las mittlerweile Zeitung und war an vielen Themen unserer Gesellschaft interessiert. Und so erfuhr ich auch, dass es für Kinder und Jugendliche in Not die Möglichkeit gab, sich an das Jugendamt zu wenden.

Mein ganz, ganz großer Wunsch war, in ein Heim zu kommen und dort zu leben. Ich wusste, wo die Mitarbeiter des Jugendamtes ihre Büros hatten, denn es war direkt neben dem Arbeitsamt, das meine Oma häufiger aufsuchen musste. Ich hatte sie oft begleitet.

Es gab Tage, an denen strich ich stundenlang vor deren Tür herum und hoffte, einer von ihnen würde mich ansprechen, und ich hätte den Mut, ihm alles zu erzählen. Ich konnte mir gut vorstellen, dass Kinder, die regelmäßig verprügelt wurden, die nicht alle Schulbücher bekamen, die sie brauchten, und dazu eine Mutter hatten, der das alles völlig egal war, Hilfe von ihnen bekamen.

Aber wenn ich mich dann länger mit diesen Gedanken beschäftigte, wurde mir klar, dass sie immer auch ein Gespräch mit den Eltern suchen würden. Keiner würde, nur auf Bitten des Kindes hin, es in ein Heim stecken.

Aber wenn sie meinem Vater von meinem Besuch erzählten, würde er wahrscheinlich seine Prügelattacken herunterspielen. Wenn sie dann weg wären, würde ich fürchterlich dafür bezahlen müssen. Und so habe ich manchen Anlauf genommen, mich aber nie getraut, an eine der Türen zu klopfen und meine Bitte vorzutragen.

Der Ernst des Lebens

Ostern 1959 wurde ich eingeschult. Schon Wochen vorher redeten die Erwachsenen davon, dass nun der Ernst des Lebens beginnen würde und die schöne Zeit der Kindheit vorbei sei.

Das machte mir große Sorgen, denn ernst fand ich mein Leben schon jetzt und schön war es auch nicht. Und dann sollte alles noch schlimmer werden? Was würde in der Schule nur auf mich zukommen? Ich hatte solche Angst davor.

Am ersten Tag nahm allein der Anblick des Schulgebäudes mir den Atem. Es war ein riesiges Gebäude mit großen Fenstern, gewaltigen Türen und einem breiten, hohen Treppenhaus. Stehe ich heute davor, wundert es mich, wie klein so eine Volksschule sein kann.

Mein täglicher Schulweg führte durch den Stadtpark. Meine Oma, die jetzt wieder bei uns wohnte, begleitete mich. Jeden Morgen ging sie in die Kirche zum Gottesdienst. Kaum hatten wir das Haus verlassen, fragte sie mich:

„Hast Du heute schon gebetet?"

Nickte ich eifrig, war alles gut. Bei einem „Nein" krauste sie die Stirn. Das gefiel ihr nicht.

„Dann tun wir das jetzt beide, leise, jeder für sich."

Also beteten wir. Am Ende des Teiches trennten sich unsere Wege, nicht ohne die eindringliche Ermahnung von Oma, nur ja schön artig zu sein und aufzupassen, was der Lehrer sagt.

Aber die Ermahnung war völlig überflüssig. Denn begierig saugte ich jedes Wort auf, dass Lehrer Felsmann von sich gab, und wusste auch meist die richtige Antwort auf seine Fragen.

Nur wenige Tage hatte ich gebraucht, um festzustellen, dass die Schule, neben dem Wald und den Feldern rund um unser Haus, der wundervollste Ort auf Erden war. Jeden Tag ging ich begeistert hin und war traurig, wenn ich wieder nach Hause musste. Schule und Lernen waren etwas Großartiges.

Ich liebte es, zu schreiben, und konnte mich bei den Hausaufgaben nicht bremsen.

Einmal, als meine Mutter die vollgeschriebene Schiefertafel sah, wunderte sie sich und fragte nach:

„Müsst ihr denn so eine Menge schreiben?"

„Nein, nur vier Reihen, aber es macht so viel Spaß."

„Du machst nur das, was Du machen musst." Sprach's und wischte kurzerhand alle Reihen, die zu viel waren, wieder weg.

Daraufhin erbettelte ich von meiner Oma ein Schreibheft und einen Bleistift und schrieb von nun an heimlich. Für die Schule machte ich nur das, was ich musste, schließlich wollte ich Mama nicht verärgern. Wie gern hätte ich meinem Lehrer meine Schreibübungen gezeigt, aber ich traute mich nicht. Vielleicht durfte man ja wirklich nicht mehr schreiben, als man musste.

Geheimniskrämerei und Versteckspiel gehörten zu meinen Lieblingsbeschäftigungen. Ich lernte heimlich und versteckte mich, wenn ich ein Buch lesen wollte. Viel Zeit verbrachte ich damit, von den Erwachsenen unbemerkt, ihre Gespräche zu belauschen.

Ich fühlte mich sehr beschädigt und unbrauchbar. Es war schon ganz richtig, dass meine Mutter mich nicht wollte und mein Vater mich von Zeit zu Zeit grün und blau schlug. Ich war eine Schande für meine Eltern. So dachte ich.

Ich war so traurig. Die Schule war meine Rettung. Da durfte ich so sein, wie ich war.

Nach der vierten Klasse in der Volksschule konnten die Kinder, deren Eltern es wünschten, auf die Realschule oder das Gymnasium wechseln. Auf dem Schulhof und auch im Unterricht wurde viel darüber gesprochen.

Natürlich bettelte ich darum, ebenfalls mehr lernen und aufs Gymnasium gehen zu dürfen. Mein Vater lehnte das strikt ab. Ich war nur ein Mädchen – und die heirateten, bekamen Kinder und saßen dann zu Hause herum. Höhere Schulbildung? Völlig unnötig. Rausgeschmissenes Geld. Punkt.

Als die anderen Kinder aus meiner Klasse von der Aufnahmeprüfung zurückkamen, berichteten sie ganz ausführlich. Alle Fragen und Aufgaben, die sie zu lösen hatten, konnte ich richtig beantworten.

Das machte mich traurig, weckte aber auch gleichzeitig meinen Kampfgeist. Denn einigen Nachzüglern wurde es gestattet, auch nach der fünften Klasse noch die Schule zu wechseln.

Ein Jahr hatte ich jetzt Zeit, meinen Vater zu überreden, und diese Zeit wollte ich nutzen. Bei meiner Mutter brauchte ich es gar nicht erst zu versuchen. Der war es egal, und zu sagen hatte die sowieso nichts.

Nun wurde in unserer Familie nicht viel geredet, weder bei den Mahlzeiten noch sonst. Gespräche, Diskussionen oder ein nettes Plaudern gab es nicht. Anweisungen kamen im Befehlston, und auf knappe Nachfragen kamen ebenso knappe Antworten. Wurden mehr als drei Sätze in Folge gesprochen, handelte es sich um lautstarken Streit. Und den gab es fast täglich.

Aber ich hatte einen Plan. Üblicherweise verbrachte mein Vater seine Mittagspause zu Hause. Nach dem Essen legte er sich zum Schlafen auf die Couch. Diese Stunde war ihm heilig, wehe, er wurde während dessen gestört.

Hier sah ich meine Chance auf Erfolg. Regelmäßig sprach ich ihn, kaum dass er sich hingelegt hatte, auf meinen weiteren Schulbesuch an. Erst brummte er, dann schnauzte er, es gab die eine oder andere Ohrfeige, auch mal eine Tracht Prügel.

Aber beharrlich machte ich weiter. Und dann hatte ich ihn endlich so weit, der Realschulbesuch wurde genehmigt.

Doch schon tat sich die nächste Schwierigkeit auf. Ich musste in der neuen Schule angemeldet werden, doch was sagten meine Eltern?

„Du willst doch da hin, also sieh zu, wie Du hinkommst!"

Ich war elf Jahre alt und hatte meinen Schulwechsel völlig selbständig zu organisieren. Meine Oma konnte ich nicht bitten, die arbeitete zu dem Zeitpunkt viel und hatte keine Zeit. Außerdem hatte sie für alles, was mit Schule zu tun hatte, auch nicht viel Verständnis. Und so begann ich, mich langsam von ihr zu lösen. Zwar war sie immer noch der wichtigste Mensch in meinem Leben, aber unser Verhältnis war nicht mehr ganz so eng.

Die Realschule war in Hüls, also zwei Ortsteile weiter als Alt-Marl. Von meiner Oma wusste ich, welche Straßenbahn ich nehmen musste. Ich ließ mir von meiner Mutter das Familienstammbuch geben und kratzte mein bisschen Geld zusammen. Ganz allein fuhr ich zum Sekretariat der Schule und erledigte die Formalitäten. Den Antrag nahm ich mit, um ihn unterschreiben zu lassen und brachte ich wieder hin. Jetzt war ich Realschülerin und dankbar dafür. Und vielleicht, vielleicht, so hoffte ich still und heimlich, konnte ich danach noch auf das Aufbaugymnasium gehen.

Der Schulbesuch war schwierig. Mein Vater hatte mir zwar die Realschule erlaubt, dennoch waren er und vor allem meine Mutter dagegen. Ich konnte in keiner Weise mit Unterstützung rechnen. Gab es ein Problem, und ich bat um Hilfe, hieß es:

„Du hast es so gewollt, jetzt sieh zu, wie Du damit fertig wirst."

Gute Noten wurden wortlos zur Kenntnis genommen, bei schlechten gab es massiven Ärger. Zu Elternabenden oder Sprechtagen ging meine Mutter nur gelegentlich, mein Vater nie.

„Was soll ich da?", war die übliche Frage.

Am nächsten Morgen wurde ich vom Klassenlehrer darauf angesprochen und durfte mir eine Ausrede einfallen lassen.

Das größte Problem war das Geld. Nicht, dass wir keines hatten, meine Eltern gönnten sich durchaus einige

Annehmlichkeiten. Aber der Besuch einer weiterführenden Schule für ein Mädchen war halt überflüssig.

Die Schulbuchliste war lang und Lehrmittelfreiheit gab es nicht. So kam es zu Beginn eines Schuljahres immer wieder vor, dass ich nicht alle Bücher zusammen hatte und sie mir von Klassenkameradinnen ausleihen musste. Bei den Arbeitsmaterialien hatte ich nicht die vorgeschriebenen, sondern immer nur die billigen Varianten.

Beim Sportunterricht war ich die einzige, die nicht über einen einteiligen Gymnastikanzug verfügte. Und wenn im Sommer das Training auf dem angrenzenden Sportplatz stattfand, zog ich meine Runden auf der Aschebahn barfuß.

Leider war ich mit einem schweren Herzfehler geboren worden. In den 50er und 60er Jahren gab es natürlich noch nicht die medizinischen Diagnosemöglichkeiten wie heute. Aber selbst, wenn mein Handicap bekannt gewesen wäre, hätte es damals keine Therapie gegeben. Doch ich war sehr beeinträchtigt, und keiner wusste, warum.

Ich hatte eine schwächliche Konstitution, konnte nicht schnell oder über längere Zeit rennen, lief bei der kleinsten Anstrengung blau an und war völlig außer Atem. Im Schwimmbad brauchte ich nur ins Wasser einzutauchen, und schon bekam ich blaue Lippen. Erst mit 13 Jahren lernte ich Schwimmen und Radfahren.

In unserer Realschule wurde großer Wert auf sportliche Aktivitäten gelegt, und viele meiner Mitschüler waren richtige Sportskanonen. Doch ich kam bei Wettläufen stets mit Abstand als Letzte an und wurde von meinen Mitschülern ausgepfiffen und ausgebuht. Lange Läufe schaffte ich nicht einmal zur Hälfte.

Gern wurde auch Volleyball oder Völkerball gespielt. Aber keiner wollte mich in seiner Mannschaft haben. Der Lehrer bestand selbstverständlich darauf, dass ich mitspielte. Verlor mein Team, war ich natürlich die Ursache dafür.

Dringend hätte ich etwas Unterstützung, Trost oder nur ein paar aufmunternde Worte gebraucht. Aber da war niemand, der dazu bereit war. Erzählte ich meiner Mutter davon, so bekam ich nur zu hören:

„Wenn Du weißt, dass Du langsam bist, musst Du eben schneller laufen."

Ich wollte mein Versagen aber unbedingt bekämpfen und habe deshalb heimlich trainiert. Dabei bin ich den Hauptweg in unserem Garten rauf- und runtergelaufen, so schnell und so lange ich konnte, immer wieder. Doch schon nach kurzer Zeit lag ich nach Luft schnappend am Boden.

Unermüdlich habe ich so manchen Nachmittag für mich allein geübt. Geholfen hat es nicht.

Die jährlichen Bundesjugendspiele waren mir besonders verhasst. Denn nicht nur die Leistungen einzelner wurde bewertet, sondern auch die der gesamten Klasse. Die einen sagten zu mir:

„Wage es ja nicht, uns den Klassendurchschnitt zu versauen!!!"

„Aber das schafft die ja doch nicht", sagten die anderen.

In einem Jahr gingen meine Klassenkameraden sogar so weit, mich im dunklen Fahrradkeller einzuschließen, sodass ich an den Wettkämpfen nicht teilnehmen konnte. Für mein Fehlen habe ich dann von den Lehrern nicht nur Schelte, sondern auch eine schlechte Zensur bekommen. Zu petzen habe ich nicht gewagt.

Im letzten Jahrgang waren immer die Jungen der Parallelklasse für das Schreiben der Urkunden für alle Schüler zuständig. Bei dieser Gelegenheit zweigte ein Klassenkamerad eine Ehrenurkunde ab und füllte sie für mich aus, natürlich mit einer immens hohen Punktzahl. In der kleinen Pause wurde mir dann diese Urkunde unter Gejohle und Gelächter vom Klassensprecher überreicht. Ich habe mich in Grund und Boden geschämt.

Obwohl ich gute Leistungen erbrachte, hatte ich einen schweren Stand in der Realschule. Trotz allem liebte ich sie und freute mich immer riesig, wenn die Ferien endlich vorbei waren. Als wir 1969 entlassen wurden, feierten meine Mitschüler ausgelassen auf dem Schulhof. Sie hatten ein Feuer angezündet, in dem sie ihre Hefte und teilweise Bücher verbrannten.

Ich aber suchte mir ein stilles Versteck und weinte bitterlich.

Aufs Plumpsklo geh ich nicht

Eine besondere Rolle nahmen Tante Maria und Onkel Werner ein. Die beiden waren kinderlos. Auch wenn sie sich niemals zu Zärtlichkeiten hinreißen ließen, ich hatte sie gern. Sie schimpften nicht und schrien mich nie an.

Als kleines Mädchen habe ich oft Zeit mit ihnen verbracht und häufig bei ihnen geschlafen. Allerdings hatten auch sie nur eine winzige Wohnung. Es gab keine Möglichkeit, ein Bett für mich aufzustellen, und so durfte ich zwischen den beiden auf der Besucherritze schlafen. Meine Inge und ich haben uns dort sehr wohlgefühlt.

Onkel Werner war, wie alle Männer in meiner Familie, Bergmann. Er bediente den Förderkorb, der die Kumpel und das Material nach unten in die Grube und wieder hinaufbrachte. Tag für Tag atmete er dabei den feinen Kohlenstaub ein. Seine Nase davon zu reinigen, war ein ganz besonderes Ritual.

Er hatte eine kleine runde, silberne Dose, die er stets bei sich trug. Kam er nach der Schicht nach Hause, setzte er sich in seinen Lieblingssessel am Fenster und legte das Döschen demonstrativ vor sich auf den Tisch. Jetzt durfte ihn niemand stören. Bedächtig nahm er eine Prise von dem Pulver, nieste einige Male kräftig und schnäuzte sich dann. Fasziniert schaute ich ihm dabei zu. Mein Onkel Werner war der einzige Mensch, der schwarzen Rotz produzieren konnte. Das imponierte mir gewaltig.

Auch ihre Wohnung hatte kein Badezimmer, stattdessen gab es ein Plumpsklo im Hof. Es war direkt neben den Kaninchenställen. Wenn man die Tür öffnete, war es zunächst ganz dunkel. Nachdem die Augen sich daran gewöhnt hatten, sah man am Ende eines langen Ganges den Sitz aus dunkelrotem Holz mit einem Loch in der Mitte. Durch das winzige

Fensterchen darüber kam kaum Licht, alles war feucht und roch unangenehm.

Statt Toilettenpapier gab es alte Zeitungen, die zu handlichen Stücken gerissen waren. Damit es ordentlich aussah, war an einer Seite ein Loch durch den Stapel gebohrt, durch das ein Stück Band gezogen war. Das hing an einem Nagel in Reichweite des Sitzes.

Ich fürchtete diesen Ort und versuchte immer wieder, meine Notdurft aufzuschieben. Ich hopste von einem Bein aufs andere, presste die Knie zusammen oder drückte meine Hände zwischen die Beine. Aber nichts half, irgendwann war die Hose nass. Tante Maria bemerkte dies immer sofort und rief über die Schulter gewandt nach meinem Onkel.

„Sie hat schon wieeeder die Hose nass!"

Dann wurde ich zu ihm beordert. Das Wohnzimmer war klein und vollgestopft mit Möbeln. Direkt vor dem Fenster standen zwei Sessel mit einem kleinen Tisch und einer Stehlampe dazwischen. Dort saß mein Onkel und rauchte gemütlich seine Pfeife. Die silberne Niespulverdose lag griffbereit.

Ich musste mich vor ihm hinstellen, und während er sich langsam zurücklehnte, hieß es auch schon:

„Hose runter!" Leise, aber sehr bestimmt.

Sofort fing ich an zu weinen, denn ich war mir sicher, dass ich nun Haue bekommen würde. Damals trugen Mädchen üblicherweise Röcke, sodass es nur um die Unterhose ging. Zuerst schüttelte ich nur den Kopf. Ich wollte auf gar keinen Fall mit nacktem Popo vor ihm stehen. Doch mein Onkel blieb unerbittlich.

Ich drehte und wand mich hin und her. Unter Schluchzen schob ich zentimeterweise mein Höschen tiefer. In regelmäßigen Abständen kam sein:

„Hose runter!"

Weglaufen konnte ich nicht. Hinter mir stand Tante Maria breitbeinig im Türrahmen. Ihre Arme hatte sie vor ihrem dicken Busen verschränkt.

Ich schämte mich fürchterlich. Aber in dem Moment, als die Hose endlich unten war, hieß es nur:

„Jetzt kannst du sie wieder hochziehen."

Das ging dann in Sekundenschnelle, und meine Tante lachte laut. Dieses Ritual wiederholte sich stets auf die gleiche Weise. Ich wusste, dass mein Onkel mich nicht schlagen würde, und trotzdem hatte ich jedes Mal eine unbeschreibliche Angst davor.

Bei der nächsten Familienfeier, wenn die ganze Familie versammelt war, erzählte Tante Maria die Geschichte in allen Einzelheiten. Dabei fand sie die Stelle, als ruckzuck die Hose wieder oben war, besonders amüsant.

Alle lachten. Nur meine Mutter zischte mir ins Ohr:

„Musste das schon wieder sein? Für Dich muss man sich ja schämen!"

Mein Vater zog an der Stelle nur scharf die Luft ein und riss die Augen auf. Das allein genügte, um mir richtig Angst einzujagen und mich für den Rest des Tages unsichtbar zu machen.

Tante Maria und Onkel Werner

Er war der ältere Bruder meiner Mutter und zeit seines Lebens kränklich. Bei 1,75 m Größe war er von schmächtiger Statur, sein hellbraunes Haar wurde mit Unmengen von Pomade in Form gehalten.

Tante Maria dagegen war kräftig. Die Kilos, die ihrem Mann fehlten, hatte sie zu viel und einige darüber hinaus. Ihre kurzen blonden Haare waren zu kleinen Löckchen gedreht, und um ihren stattlichen Hals trug sie stets eine Perlenkette, von denen sie eine große Auswahl besaß. Trotz ihrer Körperfülle und dem mächtigen Busen liebte sie enge Pullover und Röcke. Jede einzelne Speckrolle zeichnete sich darunter ab.

Die beiden waren Kettenraucher, nie sah man einen von ihnen ohne Glimmstängel in der Hand.

Onkel Werner war, solange ich zurückdenken kann, krank und auch häufig im Krankenhaus. Als Kind war er während der Kriegszeit von einem Baum gefallen und hatte sich dabei den linken Oberarm schwer verletzt. Da es zu der Zeit kaum Medikamente oder die Möglichkeit eines chirurgischen Eingriffs gab, blieb der Arm oben an der Schulter steif. Die Muskulatur bildete sich zurück. Mehrere breite Narben zogen sich von der Schulter über den Oberarm hin. Immer wieder lösten sich kleine Knochensplitter und führten zu einer Entzündung, die sein Blut vergifteten.

Aufgrund seiner Erkrankung war er bereits mit 48 Jahren in Rente gegangen. Seine große Leidenschaft war der Garten. Egal ob Gemüse oder Blumen – bei ihm gedieh alles prächtig. Er war ein sehr ruhiger und geduldiger Gärtner. Wenn er ein neues Beet anlegte oder ein Stück Rasen ansäen wollte, so dauerte dies einen ganzen Tag. Immer wieder zog er mit der Harke die Erde von einer Seite zu anderen, so lange, bis sie völlig gerade und unkrautfrei war. Obwohl er jeden Tag im Garten war, zupfte und hackte er niemals zu viel herum. Sein Motto war:

„Man muss der Natur auch eine Chance lassen!"

Seine Nachbarn fragten ihn oft um Rat oder ließen sich bei der Neuanlage von Beeten helfen.

Ein weiteres Hobby waren seine Kaninchen. Er züchtete verschiedene Rassen, und nicht selten gewann er bei Ausstellungen mit seinen Tieren einen Preis. Zweimal im Jahr gab es Junge, und die waren besonders niedlich anzusehen, spielen durfte ich mit ihnen natürlich nicht. Manchmal verkaufte er eines, und regelmäßig landete auch eines in Tante Marias Kochtopf. Das war dann jedes Mal ein Festessen, bei dem es aber verboten war, über Kaninchen zu reden. Das konnte mein Onkel nicht ertragen. Er schlachtete sie auch nicht selbst, sondern ließ das von einem Bekannten machen.

Tante Maria verbrachte ihren Tag mit Hausarbeiten, wobei ihre große Leidenschaft das Kochen für Onkel Werner war.

Da die beiden keine Kinder hatten, waren sie sehr aufeinander fixiert. Bis zu ihrem Tod konnte der eine nicht ohne den anderen sein. Gingen sie irgendwo hin, gingen sie gemeinsam. Steckte der eine sich eine Zigarette an, so gab er ungefragt dem anderen auch eine. Niemals setzte sich einer von ihnen irgendwo hin, ohne dem anderen einen Platz freizuhalten.

Ich kann mich nicht erinnern, dass die beiden jemals gestritten hätten. Zwischen ihnen gab es keine lauten Worte. Vor allem Onkel Werner war sehr harmoniebedürftig. Drohten kleine Unstimmigkeiten, so ging er einfach. Nach einer gewissen Zeit kam er zurück, stülpte seinen Hut, er trug immer einen Hut, auf seinen Spazierstock und schob ihn vorsichtig durch den Türspalt. Sobald Tante Maria dies sah, musste sie lachen, Onkel Werner durfte hereinkommen, und ihre Welt war wieder in Ordnung.

Die beiden fuhren viel mit dem Fahrrad, und ich durfte natürlich mit. An Onkel Werners Fahrrad war auf der Stange ein kleiner Sitz montiert, sodass ich nach vorne sehen konnte. Das machte Spaß, wenn er immer schneller fuhr und mir der Wind um die Nase pfiff.

Bei Tante Maria war am Lenker ein geflochtener Korb befestigt, sodass ich bei ihr entgegen der Fahrtrichtung saß. Das machte auch Spaß, denn so konnten wir uns unterwegs lustige Dinge erzählen. Und so fuhren wir häufig in den Wald und manchmal zum Schwimmen.

Im Wald stiegen wir von den Fahrrädern ab und gingen spazieren. Onkel Werner machte mich auf vieles aufmerksam, auf den Ruf des Kuckucks, die Maikäfer und Schnecken. Er erklärte mir die verschiedenen Bäume, zeigte mir die Blätter und wie man sie unterscheiden konnte. Das war alles so spannend, und häufig blieb ich stehen, um etwas noch genauer in Augenschein zu nehmen.

Ich kratzte an den Borken, sammelte Blätter und drehte immer wieder Steine um, damit die Käfer darunter hervorkrabbelten und ich sie bestaunen konnte. Und was für wundervolle Blumen wuchsen an den Rändern, so bunt, und jede sah anders aus. Ganze Sträuße pflückte ich davon. Dabei merkte ich oft gar nicht, wie die Zeit verstrich. Und wenn ich dann aufsah, um meiner Tante begeistert etwas zu zeigen, waren die beiden verschwunden.

Aufgeregt lief ich dann hin und her, suchte die beiden, rief nach ihnen und brach in Tränen aus. Ich war ein kleines Kind und völlig allein in einem riesigen Wald, den ich nicht kannte. Irgendwann traten Tante Maria und Onkel Werner hinter einem Holzstoß hervor und lachten.

Das war ihre Art, mich zügiges Gehen zu lehren und nicht zu trödeln. Unter Schluchzern, aber erleichtert, versprach ich ihnen jedes Mal, in Zukunft bei ihnen zu bleiben und nicht zu bummeln. Bis zum nächsten Mal, wenn mich das Leben im Wald wieder in seinen Bann gezogen und ich mein Versprechen vergessen hatte. Dann griffen die beiden erneut zu ihren Erziehungsmaßnahmen.

Als Onkel Werner starb, bekam er ein Einzelgrab, so wie die beiden das geplant hatten. Es war nicht möglich, ein Grab für Tante Maria zu reservieren. Sie wurden so vergeben, wie die Sterbefälle eintraten.

Deshalb waren wir alle erstaunt, als Tante Maria direkt auf der anderen Seite von Onkel Werners Grab beigesetzt wurde. Sie liegen nun wieder Kopf an Kopf. Mir war, als hätte ich Onkel Werner wie zu Lebzeiten rufen hören:

„Komm schnell her, Maria, der Platz ist gerade frei geworden."

Und dabei sah ich ihn vor mir, wie er mit der Hand auf den Platz neben sich klopfte.

Wo bitte ist der Weg zum lieben Gott?

In den 50ern und 60ern des letzten Jahrhunderts katholisch zu sein, war kein Vergnügen, schon gar nicht für ein Kind in einer rein katholischen Gegend. Nicht nur die Zehn Gebote, sondern auch umfassende Kirchengebote, festgehalten im Katechismus, und eine unendliche Zahl an Regeln und Prinzipien der katholischen Moral waren zu beachten.

Moral und Anstand wurden großgeschrieben. Jeder beäugte jeden, dessen Verhalten und Lebenswandel und glaubte, darüber richten zu dürfen.

Der sonntägliche Besuch des Gottesdienstes war Pflicht. Eine Ausnahme machten nur meine Eltern. Peinlichst achteten sie darauf, dass ich meine Oma dorthin begleitete, selbst aber blieben sie zu Hause. Als Jugendliche weigerte ich mich manchmal, die Kirche zu besuchen. Dann lief Oma ins Schlafzimmer meiner Eltern, die am Wochenende immer lange schliefen, und beklagte sich:

„Die will nicht mit in die Kirche!"

Dann sprang mein Vater wutentbrannt aus dem Bett, weil er in seiner Ruhe gestört worden war, kam schon mit erhobener Hand auf mich zu und brüllte:

„Was ist hier los?"

Und ohne ein weiteres Wort setzte ich mich in Bewegung. Im Übrigen wurde meine Schwester nie zum Kirchgang gezwungen und erledigte diese unangenehme Pflicht äußerst selten.

Absolut gehorsam, immer nett, hilfsbereit und artig, so hatten Kinder zu sein. Vorauseilender Gehorsam war der Idealfall. Anordnungen oder Wünsche von Erwachsenen in Frage zu stellen, war nicht erlaubt. Bei Fehlverhalten war Angstmachen eine gängige Erziehungsmethode. Der Satz „Der Liebe Gott sieht alles" bedeutete im Klartext: „Wage nicht einmal, etwas Unrechtes zu denken oder etwas heimlich zu tun."

Trotzdem übte die katholische Kirche mit ihren pompösen Riten eine große Faszination auf mich aus.

Mit vier Jahren liebte ich die täglichen Besuche der Heiligen Messe. Ich saß zu Füßen meiner Oma auf der Kniebank und sah atemlos zu was geschah.

Die unzähligen Kerzen funkelten mit den goldenen Verzierungen um die Wette. Wenn das Glöckchen erklang, erschollen tosende Orgelmusik und lauter Gesang.

Eine kleine Tür, seitlich am Altar, öffnete sich, und die Messdiener in hübschen langen Kleidern erschienen. Dahinter folgte der prächtig gewandete Priester, mein Märchenprinz, der Held aus meinen Märchenbüchern.

Alles wurde in Latein, einer mir völlig unverständlichen Sprache, gesungen und geredet. Der Wechselgesang zwischen Priester und Gemeinde war in meiner Phantasie ein Kampf zwischen dem Guten und dem Bösen. Für mich stand fest, dass der Teufel meinen wunderbaren Prinzen holen wollte, und der wehrte sich mit Gesang dagegen.

Dabei lief er hin und her, hielt geheimnisvoll glänzende Dinge in die Höhe, und seine Diener klingelten mit ihren Glöckchen. Immer wieder fielen die Menschen um mich herum auf die Knie, standen auf und knieten sich erneut hin. Und wenn am Ende der Priester unter lautem Gesang die Bühne verließ, dann wusste ich, dass mein Prinz das Böse wieder einmal besiegt hatte. Voller Begeisterung klatschte ich dann so manches Mal in meine Händchen, was natürlich einen bösen Blick von Oma zur Folge hatte.

Doch auch die schönste Märchenstunde geht einmal zu Ende. Spätestens in der Schule, wenn der Religionsunterricht in erster Linie im Auswendiglernen von Katechismus und Bibel besteht.

Unser Lehrer, Herr Felsmann, konnte sehr blumig und bildhaft aus dem Leben Jesu erzählen. Jedes Mal hörten wir ganz gespannt zu.

So berichtete er eines Tages vom Weg zum lieben Gott, den jeder Mensch gehen müsse, um nach seinem Tod direkt vor Gottes Thron zu gelangen.

„Und ganz wichtig, dies ist der einzige Weg in den Himmel!", sagte er ernst mit erhobenem Zeigefinger.

Er beschrieb ihn in allen Einzelheiten. Teils war er eng und steinig, führte durch Wälder, die sehr dunkel waren und in denen Gefahren lauerten, dann war er wieder breit und einfach zu begehen. Er führte über hohe Berge, an sanft fließenden Bächen oder reißenden Flüssen entlang.

Auch von Wegweisern, die von Zeit zu Zeit aufgestellt wurden, erzählte er. Vielen Menschen, so Lehrer Felsmann, würde es schwerfallen, ihn zu finden und zu gehen, für andere war er einfach und mit Vergnügen zu beschreiten.

Er berichtete so anschaulich darüber, dass für mich klar war; Gleich hinter Marl, irgendwo im Park oder am Feldrand ist der Beginn dieses Weges, der direkt zum lieben Gott führt. Ein richtiger Weg eben. Mir war überhaupt nicht klar, dass die Erzählung meines Lehrers sinnbildlich gemeint war.

Und dann, eines Tages, als er wieder bei seinem Lieblingsthema war, drehte er sich bei seinem Rundgang durch das Klassenzimmer abrupt um und fragte mit strenger Stimme:

„Ihr kennt doch alle den Weg zum lieben Gott? Oder ist einer dabei, der nicht weiß, wo es langgeht?"

Alle Kinder nickten. „Na klar", sagten sie und lachten. Panisch sah ich mich um. War ich denn die einzige, die keine Ahnung hatte? Die nicht wusste, wo der Weg zum lieben Gott begann? Ich traute mich nicht, nachzufragen, war aber sehr aufgeregt.

Nach der Schule ging ich nicht gleich nach Hause, sondern durchstreifte stattdessen den Stadtpark. Irgendwo musste doch dieser Weg sein, aber nichts deutete darauf hin.

Ich wagte auch nicht, meine Oma oder meine Mutter zu fragen. Wieder einmal war ich die einzige, die so dumm war, nichts wusste und nichts konnte.

In den folgenden Wochen und Monaten war ich verzweifelt. Ich war acht Jahre alt und kannte den Weg zum lieben Gott nicht. Aber ich wollte doch auch in den Himmel! Was sollte bloß aus mir werden, wenn ich starb?

Stundenlang durchstreifte ich die Gegend um Alt-Marl bis nach Polsum und Brassert, ebenso den Stadtpark. Ich lief und lief und kam dabei in Gebiete, die ich noch nie gesehen hatte. Wie oft habe ich mich verlaufen und nur unter Mühen wieder zurück zur Westerholter Straße gefunden. Wie oft habe ich mir Ohrfeigen oder gar eine Tracht Prügel eingehandelt, weil ich schon wieder zu spät zum Essen kam. Aber was ich auch unternahm, ich fand den Weg zum lieben Gott nicht.

Irgendwann gab ich auf. Vielleicht, so tröstete ich mich, würde ich bemerken, wenn ein anderer diesen Weg ging. Dem könnte ich dann hinterherschleichen.

Der Pfarrer war die oberste Instanz, Gottes Vertreter auf Erden. Uns armseligen Menschen war es nicht vergönnt, den direkten Kontakt zu Gott aufzunehmen, das konnte nur er.

Und so stellte ich mir in meiner kindlichen Phantasie vor, Gott und Pfarrer sitzen regelmäßig zusammen und reden darüber, was die Menschheit so macht und wer wofür bestraft werden muss. Und da es ständig hieß „Der Liebe Gott sieht alles", wusste natürlich auch der Priester alles.

Ich hatte einen riesigen Respekt vor dem Mann im schwarzen Talar. Meine Oma marschierte stets in einem rasanten Tempo und ich an ihrer Hand. Kam uns dabei der Pfarrer auf der anderen Straßenseite entgegen, so ging ein Ruck durch ihren Körper und sie zerrte heftig an meiner Hand.

„Der Herr Dechant, los, Knicks machen." Und während sie ihm ein respektvolles „Guten Tag, Herr Dechant" zurief und sich dabei tief verbeugte, musste ich im Vorbeigehen einen

Knicks machen. Was gar nicht so einfach war bei dem Tempo, das sie vorlegte.

Ständig war von Tod und Teufel die Rede und was einem widerfuhr, wenn man gesündigt hatte und nicht mehr zur Beichte konnte. Starb man und hatte viel auf dem Kerbholz, fuhr man direkt in die Hölle. War es nur wenig, so folgte ein mehr oder minder langer Aufenthalt im Fegefeuer, bevor man in den Himmel durfte.

So wurde dem Sakrament der Beichte eine große Bedeutung zugemessen. Hier konnte man seine Verfehlungen bekennen, der Priester entschied darüber, wie schwer sie waren und verhängte eine entsprechende Buße. Danach sprach er den Sünder von seiner Schuld frei, und er war wieder im Reinen mit Gott. Wenn man dann überraschenderweise plötzlich starb, hatte man gute Chancen, in den Himmel zu kommen.

Als Kinder hatten wir alle vier Wochen im Klassenverband zur Beichte zu gehen. Bei vielen Erwachsenen war es durchaus üblich, jede Woche das Beichtsakrament zu empfangen.

Die Bezeichnung „lieber Gott" war zwar allgegenwärtig, doch tatsächlich vermittelt wurde uns ein stets strafender und zorniger Gott, vor dem wir Angst hatten.

Ich glaubte fest daran, durch Anpassung, Gehorsam und Liebsein die Gunst meiner Eltern erringen zu können. Die vielen Prügel, die ich bezog, die Beschimpfungen, die hämischen Bemerkungen, das Ausgelachtwerden, all das, so glaubte ich, sei meine eigene Schuld. Ich war eben ein schlechtes Mädchen. Aber wenn Gott mich liebte, dann mussten auch meine Eltern mich lieb haben. Und so nahm ich die Beichte sehr, sehr ernst.

Alle vier Wochen ging unsere Klasse geschlossen zur Kirche, um zu beichten, ordentlich in Zweierreihen, der Lehrer vorweg. Alle waren sehr ernst. Auf dem Weg dorthin wurde nicht herumgealbert.

Der Beichtstuhl war ein finsterer Holzkasten, der dreigeteilt war. In der Mitte nahm der Priester Platz und zog den

Vorhang vor. Rechts und links von ihm war ein Gitter in die Holzwand eingelassen. Davor kniete das Kind, ebenfalls durch einen Vorhang verdeckt, und flüsterte verschämt seine Sünden.

Es war dunkel, und wir konnten kaum etwas sehen, hörten lediglich das Gemurmel des Pfarrers. Allein dieser Ort wirkte unheimlich. Einmal habe ich erlebt, dass ein kleines Bächlein aus dem Beichtstuhl lief und ein Kind beschämt aus der Kirche rannte.

Die Beichte selbst verlief nach einem bestimmten Ritual. Zuerst mussten wir nach einem mehrseitigen Fragenkatalog, der auf den Zehn Geboten basierte, unser Gewissen erforschen. Dazu hatten wir niederzuknien, bis wir an der Reihe waren. Das konnte durchaus eine halbe Stunde oder gar länger dauern. Dann betraten wir einzeln den Beichtstuhl, der eine links, der nächste rechts.

Nach der Aufzählung aller Sünden und kleiner Vergehen gab es einige mahnende Worte, und dann bekam man eine Buße aufgebrummt. Je nach Menge und Schwere der Vergehen hatten wir im Anschluss eine bestimmte Anzahl an Gebeten zu sprechen. War das erledigt, hatte Gott uns wieder lieb.

Ich war ein sehr gläubiges Kind, immer bemüht darum, die Liebe Gottes und vor allem die meines Vaters zu erringen. Und so nahm ich mir nach jeder Beichte vor, bis zum nächsten Mal nicht mehr zu sündigen. Jeden Tag dachte ich daran und bemühte mich sehr.

Eines Tages hatte ich es geschafft. Nach einer sehr sorgfältigen Gewissenserforschung stellte ich fest, dass ich nur drei Sünden in vier Wochen begangen hatte: zweimal heimlich genascht und eine kleine Notlüge aus Angst. Ich war vier Wochen lang ein wirklich gutes Kind gewesen. Ich war mir sicher, der Priester würde lobende Worte für mich finden und Gott, unserem Herrn, darüber berichten. Gott würde sich freuen und einen Weg finden, es meinem Vater mitzuteilen. Und der würde mich endlich lieb haben und nicht mehr verhauen.

Zum ersten Mal betrat ich in freudiger Erwartung den Beichtstuhl. Aber zu meinem Entsetzen kam alles ganz anders. Nachdem ich die einleitenden Worte gemurmelt und meine drei lächerlichen Sünden aufgezählt hatte, sagte der Priester, versteckt hinter seinem Gitter:

„Du hast Dein Gewissen nicht ordentlich erforscht."

„Aber ja", antwortete ich, „ich habe nur diese drei Sünden zu beichten."

„Nein, das stimmt nicht, lüg mich nicht an!", grollte er. „Du gehst jetzt zurück, betest und erforscht Dein Gewissen gründlich. Dann kommst Du wieder und beichtest richtig." Mit einer ungeduldigen Handbewegung scheuchte er mich hinaus.

Ich konnte kaum glauben, was da passiert war. Einen ganzen Monat hatte ich mir Tag für Tag die allergrößte Mühe gegeben, war immer brav gewesen. Und jetzt das. Wie konnte das sein? Priester hatten doch diesen besonderen Draht zu Gott, und Gott sah alles. Und was Gott wusste, musste doch auch der Priester wissen! Und ich hatte wirklich nicht mehr auf dem Kerbholz als diese drei Kleinigkeiten.

In diesem Augenblick brach für mich eine Welt zusammen. Alles, was man mir über das Besondere der Gottesmänner erzählt hatte, stimmte gar nicht. Sie waren nicht anders als andere, sie hatten keine engere oder gar eine alleinige Beziehung zu Gott-Vater. Es waren normale Erwachsene. Und wie die meisten Männer waren auch sie gemein. Wahrscheinlich waren sie brutal und hatten nichts anderes im Sinn, als arme Kinder zu schikanieren. So rasten die Gedanken durch meinen Kopf.

Ich erforschte mein Gewissen nicht noch einmal und ging auch nicht zurück in den Beichtstuhl. Das wollte ich jetzt ganz genau wissen, und mit einem Plan im Hinterkopf verließ ich die Kirche.

Als die obligatorischen vier Wochen um waren, führte ich ihn aus. Ich überlegte genau, welche Sünden ich beichten wollte, nicht zu viele, damit die Buße nicht so lang wurde. Aber auch nicht zu wenige, damit der Priester nicht sagen konnte, ich hätte mein Gewissen nicht gründlich erforscht.

Ich dachte mir Sünden aus und maß eine, wie ich fand, gute Menge ab. Dann beichtete ich. Wie schlug mir das Herz! Was hatte ich für eine Angst! Aber es musste sein. Ich beichtete meine erfundenen Verfehlungen und wartete atemlos, was jetzt wohl passieren würde. Ganz bewusst hatte ich den Priester belogen.

Ich lauschte mit offenem Mund. Sagte dieser Mann hinter dem Gitter doch tatsächlich, ich sei ein braves Kind, hätte mein Gewissen ordnungsgemäß erforscht und mutig gebeichtet. Er sprach mich von meinen Sünden frei.

Ich bekam eine angemessene Buße aufgebrummt und verließ den unheimlichen Ort. Natürlich sprach ich keines der Bußgebete. Von dieser Stunde an war Beichten für mich nur noch eine Formsache, die ich erledigen musste. Der Priester bekam irgendetwas von mir zu hören und war stets ausgesprochen zufrieden mit mir.

Ich weiß nicht, ob Gott alles sieht, aber mit neun Jahren war mir klar, dass Priester nur ganz normale Männer sind. Und besonderen Respekt hatten sie auch nicht verdient.

Das Familiengeheimnis

Mit etwa zehn Jahre fiel mir auf, dass meine Oma einen anderen Nachnamen trug als wir. Das war ungewöhnlich, denn sie war ja die Mutter meines Vaters.

Als ich eines Tages allein in ihrem Zimmer war, tat ich das, was ich als Kind so besonders liebte. Ich durchwühlte ihre Schränke und Schubladen auf der Suche nach etwas Interessantem.

Dabei fiel mir das Familienstammbuch von ihr und dem alten Opa in die Hände. Erwartungsgemäß waren die Heirats- und die Sterbeurkunde darin, aber keine Spur von der Geburtsurkunde meines Vaters. Auch das Durchsuchen anderer Papiere brachte sie nicht zum Vorschein.

Also fragte ich meine Oma. Zuerst wollte sie nicht so recht mit der Sprache herausrücken, und ich spürte, dass sie über meine Frage verärgert war. Doch nach kurzer Pause begann sie, zu erzählen. Kurz und knapp sagte sie mir, dass der alte Opa nicht der Vater von meinem Vater sei.

Ja, aber wer dann? Und wo war die Geburtsurkunde? Ich hörte nicht auf, nachzubohren, und ich merkte, wie unangenehm Oma dieses Thema war.

„Ein anderes Mal", vertröstete sie mich immer wieder.

Doch ich hörte nicht auf, sie zu bedrängen. Und so vertraute sie mir eines Tages ihre Geschichte an. Vorher musste ich ihr hoch und heilig versprechen, niemandem davon zu erzählen.

„Zu niemandem ein Wort! Das geht keinen etwas an", sagte sie. Und dann begann sie, zu erzählen.

Sie war jung und mit einem Mann verlobt. Doch es waren schwere Zeiten, denn schließlich war Krieg, und er war Soldat. Nur während seiner kurzen Fronturlaube konnten sie sich sehen. Kurz nachdem sie feststellte, dass ein Kind unterwegs war, wurde er erschossen. So konnten sie nicht mehr heiraten, und sie musste meinen Vater allein großziehen.

Da sie schwanger und unverheiratet war, musste sie ihr Zuhause verlassen. Sie ging nach Münster und arbeitete in der Universitätsfrauenklinik als Hausangestellte. Dort wurde auch mein Vater geboren.

Meine Oma ging wieder nach Marl und ließ ihren Sohn zurück. Er wuchs in einem Heim für Säuglinge und Kleinkinder auf. Aber als er drei Jahre alt war, konnte er nicht länger dortbleiben, und er kam zu meinen Urgroßeltern in die Westerholter Straße. Doch die wollten ihn nicht und drängten meine Oma, nach einer Lösung zu suchen.

Zu der Zeit führte meine Oma für den Landwirt, der später mein alter Opa werden sollte, den Haushalt. Er war dreißig Jahre älter als sie und hatte keine Ehefrau, noch nie eine gehabt. Die beiden arrangierten sich. So hatte sie offiziell einen Vater für ihren Sohn, und er brauchte sie nicht mehr zu bezahlen.

Bei jeder sich bietenden Gelegenheit nervte ich meine Oma mit der Bitte, mir mehr von damals zu erzählen. Und so nannte sie mir irgendwann den Namen ihres Verlobten.

Seine Eltern hatten bei uns im Ort ein kleines Lebensmittelgeschäft, das von seiner Schwester geführt wurde.

Von nun an riss ich mich geradezu darum, für meine Mutter einkaufen zu gehen. Ich wartete in der Straße, bis das Geschäft voll war, bevor ich es betrat. So konnte ich mich dort länger aufhalten. Keiner beachtete mich, wenn ich vorsichtig die Tür zum Hinterzimmer etwas öffnete, um einen Blick hineinzuwerfen.

Oft saßen dort die beiden Alten. Die Eltern meines Großvaters? Ich malte mir aus, wie es wäre, wenn ich zu ihnen ginge und ihnen erzählte, wer ich bin. Wie schön wäre das gewesen, schließlich waren sie doch auch meine Familie. Und vielleicht waren sie ja ganz lieb und hatten mich sogar gern. Aber ich hatte Oma mein Wort gegeben und durfte nichts sagen.

Ich war ein Kind, treuherzig, naiv und äußerst phantasiebegabt. So malte ich mir ihre Geschichte in allen Einzelheiten aus. Die wenigen Fakten, die sie mir mitteilte, wurden in meiner Vorstellung zu einer wundervollen und romantischen Geschichte. Vor meinem inneren Auge sah ich ein junges verliebtes Paar, das sich an den Händen hielt, spazieren ging und von einer gemeinsamen Zukunft träumte. Dann wurden sie durch den Tod im Krieg für immer getrennt. Meine arme Oma, mein ganzes Mitleid gehörte ihr.

Nach dem Tod meiner Oma 1999 wurden viele Erinnerungen aus meiner Kindheit wieder lebendig. Dabei traf mich die Erkenntnis wie ein Schlag. Meine Oma hatte die Geburt meines Vaters in eine nette Geschichte verpackt und damit die Wahrheit geschickt vermieden. Sie hatte genau gewusst, wie sie mich zufriedenstellen konnte. Und jetzt war es zu spät, sie noch einmal zu fragen.

Mein Vater wurde 1931 geboren, also lange vor Ausbruch des Krieges. Sein Erzeuger konnte gar nicht während der Schwangerschaft gefallen sein.

Als mein Vater geboren wurde, war meine Oma bereits 27 Jahre alt, kein junges Mädchen mehr. Hätte es einen Verlobten gegeben, so wäre es zu damaliger Zeit eine Selbstverständlichkeit gewesen, zu heiraten. Allein die Eltern der beiden hätten darauf bestanden. Ein uneheliches Kind war zu Beginn der 30er Jahre im letzten Jahrhundert undenkbar. Eine Schande.

Wer also war der Vater meines Vaters? Merkwürdigerweise wurde die Geburtsurkunde nach seinem Tod zwischen seinen Papieren gefunden. Nur seine Mutter war darin angegeben, nicht einmal der Vermerk „Vater unbekannt".

Meine Oma wird einen guten Grund gehabt haben, die Wahrheit über den Vater ihres Sohnes zu verschweigen. Die rührselige Kriegsgeschichte hatte sie nur wegen meiner Beharrlichkeit erfunden.

Was immer damals passiert ist, welches Geheimnis meine Großmutter mit ins Grab genommen hat, in einem bin ich mir sicher: Mein Vater war kein Kind der Liebe.

Ich pass auf dich auf, Schwester

Im Frühjahr 1964 teilten mir meine Eltern während des Mittagessens in einem Nebensatz mit, dass ich bald einen Bruder oder eine Schwester bekommen würde. Ich war zwölf Jahre alt. Vor lauter Freude hielt ich die Luft an und vergaß das Weiteressen.

Die Zeit bis zur Geburt konnte ich kaum abwarten. Allen erzählte ich von meinem Glück, ob sie es hören wollten oder nicht. Die meisten Kinder, die ich kannte, interessierte dies nicht besonders. Hatten sie doch selbst genug Geschwister und empfanden sie eher als Ärgernis denn als Glück. Aber ich, ich würde endlich nicht mehr allein sein.

Obwohl zu diesem Zeitpunkt natürlich niemand wusste, ob es ein Mädchen oder Junge sein würde, war mir von Anfang an klar, dass ich eine Schwester bekommen würde. Wochenlang dachte ich an nichts anderes. Stundenlang malte ich mir aus, wie ich meine Schwester umsorgen, sie auf dem Arm halten und einfach nur ihre Nähe spüren würde. Ich liebte sie schon jetzt über alles und konnte ihre Ankunft kaum erwarten.

Und ich würde sie beschützen. Niemals würde ich zulassen, dass unser Vater die Hand gegen sie erhöbe, grob zu ihr wäre oder sie auch nur anschrie. Meine Schwester sollte niemals Angst haben. Sie sollte nie so leiden müssen wie ich.

Als mein Vater mir nach einem knappen Gespräch mit dem Krankenhaus mitteilte: „Du hast eine Schwester", war ich überglücklich. Ich lief in mein Zimmer warf mich auf mein Bett und strampelte mit den Beinen. Endlich, endlich.

Nach einer weiteren gefühlten Ewigkeit kam meine Mutter mit dem Baby nach Hause. Silke war wunderschön mit ihren dichten schwarzen Haaren und diesen winzigen Fingerchen. Genau so hatte ich sie mir vorgestellt.

Doch dann kam alles anders, als ich es mir erträumt hatte. Gerne hätte ich ihr auch mal das Fläschchen gegeben, sie gehalten, gewickelt oder auch nur angeschaut. Aber jedes Mal, wenn ich mich ihr und meiner Mutter näherte, hieß es nur „Du störst", „Du bist im Weg" oder „Nicht jetzt".

Nicht, dass meine Eltern mir jemals viel Aufmerksamkeit geschenkt hätten, aber von nun an gehörte ich gar nicht mehr dazu.

In den ersten Tagen beobachtete ich misstrauisch das Verhalten meines Vaters. Wenn er sich über meine Schwester beugte, ging ich in Habachtstellung, ballte die Fäuste und wurde innerlich einen halben Meter größer. Er sollte es ja nicht wagen, grob zu ihr zu sein, sie anzubrüllen, zu schlagen. Besonders wenn sie schrie, war ich beunruhigt.

Doch meine Sorge war völlig unbegründet. Meine Eltern zeigten sich von einer mir völlig fremden Seite. Meine Mutter war plötzlich liebevoll und fürsorglich, mein Vater blickte Silke wohlwollend an und sprach mit ruhiger, leiser Stimme. Mit einem Mal waren sie gute Eltern und behandelten meine kleine Schwester mit aller Liebe, zu der sie fähig waren.

Mir gegenüber änderte sich nichts. Mama erinnerte mich nach wie vor gern mit einem Seufzen an mein reizloses Aussehen.

„Mach den Mund zu, es sieht schon so hässlich genug aus. Du musst nicht auch noch allen Deine vorstehenden Zähne zeigen!"

„Geh, ich kann Deine Fratze jetzt nicht sehen!"

Mein Vater nahm mich wie gehabt gar nicht wahr, es sei denn, ihm war nach Prügeln zumute.

Abends, wenn wir alle in unseren Betten lagen, hörte ich meine Eltern reden. Das erste Lachen, die ersten Worte, Krabbeln oder Stehen, voller Stolz berichteten sie sich gegenseitig, was ihre kleine Tochter alles konnte. Von mir sprachen sie nie, außer, wenn ich frech gewesen war oder wieder einmal gestört hatte.

Seit meine Schwester geboren war, staunte ich jeden Tag aufs Neue über das Verhalten meiner Eltern. Sie waren liebevoll, besorgt und zärtlich, freuten sich, wenn sie Silke nur sahen, und überhäuften sie mit Geschenken. Meine Schwester bekam alles, was sie sich wünschte, ich dagegen oftmals nicht einmal das Nötigste.

Meine Mutter liebte es, für meine Schwester einkaufen zu gehen, und kam oftmals mit Tüten voller hübscher Kleidungsstücke für sie nach Hause. Bat ich gelegentlich um etwas Besonderes zum Anziehen, hieß es nur:

„Deine Schule kostet uns schon so viel, und außerdem hast Du genug."

Meine Oma sammelte Altkleider für die Caritas. Bevor sie die Säcke zur Kirche brachte, durfte ich hineinschauen und mir etwas aussuchen. Manchmal fand ich ganz nette Dinge, einen Pulli oder einen Rock, über die ich mich freute, und die ich dann auch trug.

Sah mein Vater mich damit, lachte er mich aus. Das tat weh. Besonders dann, wenn ich sah, wie meine kleine Schwester ihre niedlichen Kleidchen und Höschen vorführte, sich im Kreis drehte und vor Freude in die Händchen klatschte. Mama war entzückt, und Papa schaute wohlwollend.

Und so wurde ich von der Caritas eingekleidet und meine Schwester aus der Boutique. Sie war die schöne Prinzessin und ich … na ja, eben nur ich. Was sagte mein Vater gerne?

„Du siehst aus wie eine Polackin."

Meine Schwester konnte machen, was immer sie wollte, nie habe ich erlebt, dass mit ihr geschimpft wurde. Von Ohrfeigen oder Prügel, die mich meine gesamte Kindheit begleiteten, ganz zu schweigen.

Nie werde ich begreifen, dass Eltern ihre beiden Töchter so unterschiedlich behandeln, und die Frage nach dem Warum hat mich ein Leben lang begleitet. Was war falsch an mir?

Meine Schwester war in jedem Alter eine Schönheit. Als Kind hatte sie lange, dunkle Locken, die von unserer Mutter mit Hingabe gepflegt wurden. Ihre braunen Augen strahlten, und stets spielte ein verschmitztes Lächeln um ihre Lippen. Sie verstand es, zu schmeicheln und Menschen um den Finger zu wickeln.

Als meine Schwester zwei Jahre alt war, forderte unsere Mutter von mir, dass ich nachmittags auf Silke aufpasste. Sie wollte wieder in der Heißmangel arbeiten und konnte sie nicht mitnehmen.

Es war völlig egal, was ich vorhatte, meine Schwester hatte Vorrang. Ich 14 Jahre alt, und die anderen Mädels und ich hatten erste Blicke auf die Jungs geworfen. Man verabredete sich mit der Clique, traf sich zu gemeinsamen Unternehmungen. Ob wir zum Schwimmen wollten oder gemeinsam ein Fußballspiel ansehen wollten, ich erschien zum Treffpunkt immer mit meiner Schwester in der Kinderkarre oder auf dem Fahrrad. Sobald ich um die Ecke kam, verdrehten die anderen ihre Augen. Und so dauerte es nicht mehr lange, bis sie mir nahelegten, sie zu Hause zu lassen. Andernfalls würde die Clique ohne mich losziehen. Ich hatte keine wirkliche Wahl.

Ein einziger Junge, Otto, hielt zu mir, und wir verabredeten uns weiterhin. Eines Tages saßen wir auf einer Bank im Stadtpark und tauschten die ersten verschämten Küsse. Meine Schwester in der Kinderkarre quengelte herum. Otto war genervt und wollte schon gehen.

Ich hob Silke aus dem Wagen und ließ sie herumlaufen. Zwischen Küssen und Schmusen schaute ich immer wieder zu meiner Schwester, damit ihr auch ja nichts passiert. Ständig rief ich ihr zu: „Tu dies nicht, tu das nicht."

Jetzt war Otto richtig sauer, und ich war genervt. Nicht weit von unserer Bank war eine Böschung, die mit Brennnesseln überwuchert war. Silke hielt darauf zu. Ich war mittlerweile so sauer, dass ich, anstatt sie zu warnen, ihr zurief:

„Geh näher ran, du musst näher ran!"

Und schon fiel sie kopfüber in die Brennnesseln. Mit einem erschrockenen Aufschrei stürzte ich zu ihr. Und während Otto mit einem „Du kannst mich mal!" davonlief, angelte ich meine brüllende Schwester aus dem Graben.

Der Schreck war groß, denn Gesicht, Arme und Beine der Kleinen waren krebsrot und angeschwollen. So schnell ich konnte, lief ich nach Hause. Zum Glück war nur meine Oma da. Sie versorgte meine Schwester und schimpfte natürlich mit mir. Wir waren beide froh, dass nichts Schlimmeres passiert war.

Seitdem meine Schwester auf der Welt war, änderte sich unser Familienleben. War mein Vater früher sonntags auf den Fußballplatz gegangen oder mit seinen Freunden unterwegs gewesen, so nahm er sich jetzt hin und wieder Zeit für einen Ausflug mit der Familie.

Wir fuhren nach Hüls zum „Schaufenstergucken" oder nach Gelsenkirchen in den Zoo. Ich wollte nicht mit, wurde aber dazu verdonnert. War mein Vater guter Laune, gingen wir alle zusammen. War er allerdings schlecht drauf, und das war meistens der Fall, hieß es schon gleich zu Anfang:

„Und du bleibst ein paar Schritte zurück, muss ja nicht jeder sehen, dass du dazugehörst. So, wie du aussiehst, muss man sich ja schämen."

Grund dafür war mein Outfit. Ich lief herum wie alle Jugendlichen zu der Zeit. Ich hatte lange, zottelige Haare, den Pony bis über die Augen, trug einen ausgedienten Bundeswehrparka und ausgefranste Jeans. Trotz aller Drohungen und Strafen war ich nicht bereit, mein Äußeres anzupassen.

Und so musste ich mir ansehen, wie meine Eltern fröhlich den Kinderwagen schoben, miteinander redeten und eine richtig nette Familie bildeten. Später, als meine Schwester schon größer war, nahmen sie sie in ihre Mitte und warfen sie immer wieder hoch. Silke kreischte dann vor Vergnügen. Ich aber schlich mit gesenktem Kopf und hochgezogenen Schultern mit Abstand hinterher. Manchmal drehte mein Vater sich um und herrschte mich an:

„Mach ein anderes Gesicht! So kann man sich mit dir ja nicht sehen lassen."

Meine Mutter schüttelte an der Stelle genervt den Kopf. Ja, ja, ich wusste doch, dass ich ein mürrisches Gesicht machte, aber sollte ich mich etwa über die nette Familie vor mir freuen? Immer wieder dachte ich dann:

„Warum ist das so, warum wollen sie mich nicht? Ich bin doch auch ein Teil dieser Familie, bin auch ihr Kind." Bis heute habe ich keine Antwort auf meine Fragen gefunden.

Von Zeit zu Zeit, wenn die drei vor mir stehen blieben, um sich etwas anzusehen, hob sich der Abstand zwischen uns auf, und für einen Moment war ich bei ihnen. Dann drehte sich mein Vater mit wütendem Gesicht um und knurrte:

„Ich hab doch gesagt, du sollst zurückbleiben." Und dann schlich ich mich wieder.

Als meine Schwester vier oder fünf Jahre alt war, wurde sie etwas merkwürdig. So liebte sie es zum Beispiel, Fliegen zuerst die Flügel und dann die Beine auszureißen. Immer schön eines nach dem anderen, mit Pausen zwischendurch, um zu sehen, wie sie sich verhielten. Stundenlang saß sie am Küchentisch und beschäftigte sich damit. Sie steckte die Fliegen in Schuhkartons, in die sie vorher Fenster geschnitten hatte, durch die sie die Tierchen beobachten konnte.

Später kamen noch Hamster dazu, die sie auf dem Tisch hin- und herscheuchte, während sie ihren Kopf auf die Unterarme legte und sie beobachtete. So manches Tier hat den Sturz über die Tischkante nicht überlebt.

Schimpfte ich mit ihr und sprach von Tierquälerei, zuckte Silke nur mit den Schultern, und meine Mutter war ungehalten mit mir. Wie konnte ich es wagen, etwas gegen meine Schwester zu sagen?!

„Sie ist doch noch so klein, sie wird's schon noch lernen." Damit war für unsere Mutter die Sache erledigt.

Einmal fand unsere Nachbarin eine junge Flugente in

ihrem Garten. Sie war erst wenige Tage alt, und wir vermuteten, dass sie bei ihrer Mutter im Gefieder gesessen und diese sie verloren hatte. Die Nachbarin schenkte sie meiner Schwester, ermahnte sie, gut darauf aufzupassen und sie großzuziehen.

Silke war begeistert. Das Tierchen passte gerade mal in ihre Händchen, und sie trug es zum aufblasbaren Swimmingpool. Fröhlich paddelte die kleine Ente im Kreis herum.

Aber irgendwann hatte sie genug und wollte heraus. Doch kaum versuchte sie, mühselig über den dicken Rand zu klettern, schubste meine Schwester sie zurück. Ich erklärte ihr, dass die Ente nicht pausenlos schwimmen könne, sondern ins Trockene müsse, um sich aufzuwärmen. Aber, wie es so ihre Art war, zuckte sie mit den Schultern und machte weiter. Ich bat unsere Mutter um Hilfe, aber die meinte nur:

„Lass deine Schwester in Ruhe, es ist ihre Ente, und sie kann damit machen, was sie will."

Natürlich weiß eine Fünfjährige nicht von Natur aus, dass auch Tiere ein Schmerzempfinden haben und Quälerei ein absolutes Tabu ist. Aber ist es nicht Aufgabe der Eltern, es ihr zu erklären oder vielleicht der älteren Schwester? Kann man ein kleines Kind alles machen lassen, ohne Erklärung, ohne ein ernstes Wort mit ihm zu reden?

Als ich nach meinen Hausaufgaben wieder zurückkam, war das Entchen völlig entkräftet und versuchte, aus dem Swimmingpool zu klettern. Von meiner Schwester war weit und breit nichts zu sehen, sie hatte die Lust an ihrem Spielzeug verloren.

Ich nahm die Ente heraus, trocknete sie und legte mich mit ihr in die Sonne. Sie kuschelte sich in meine langen Haare und war sehr zufrieden. Nachts kam sie in einen Schuhkarton und schlief neben meinem Bett.

Am nächsten Morgen fütterte ich zunächst das Entchen und stellte es dann in seinem Schuhkarton nach draußen. Ich bat meine Mutter, ein Auge darauf zu haben, worauf sie antwortete:

„Lass mich mit dem Unsinn zufrieden."

Mittags kam ich aus der Schule und ging sofort zu der kleinen Ente. Doch der Schuhkarton war leer. Ich brauchte nicht lange zu suchen. Das Tierchen lag tot und völlig aufgeweicht im Swimmingpool.

Als meine Schwester irgendwann auftauchte, stellte ich sie zur Rede. Zurück kam wie gewöhnlich nur ein Schulterzucken. Am liebsten hätte ich sie genommen, geschüttelt und verhauen. Und normale Geschwister hätten wahrscheinlich genau das getan. Ich aber wagte das nicht aus Angst vor unseren Eltern.

Meine Schwester bekam nicht nur alles, was sie wollte, sie durfte auch alles ungestraft tun, egal, ob es richtig oder falsch war. Nicht einmal einen Klaps gab es, selbst dann nicht, wenn sie wirklich frech war. Nicht einmal ausgeschimpft wurde sie. Sie hatte alles, durfte alles und nutzte das auch aus.

Ich dagegen wagte kaum, mich zu rühren, weil ich selbst für die kleinste Kleinigkeit bestraft wurde, mit Schimpfen, Ohrfeigen oder wüsten Prügelattacken. Manchmal sogar ohne Grund, einfach deshalb, weil mein Vater schlechter Laune war.

Als Kind wünschte ich mir sehnlichst einen kleinen Hund. Ich stellte es mir wundervoll vor, ein winziges, lebendiges Wesen zu haben, mit dem ich spielen und durch die Felder streifen, mit dem ich kuscheln und das ich lieb haben konnte. Wie schön müsste es sein, in einem kleinen Tier Wärme und Trost zu finden.

Die Hündin einer Schulkameradin hatte Junge. Ich sah diese kleinen Fellknäuel und verliebte mich sofort in eines von ihnen.

Ich bat meine Mutter, ich bat meinen Vater. Ich durfte es nicht zu mir holen. Wochenlang bettelte ich darum, ohne Erfolg.

Meine Mutter wollte nicht, da sie befürchtete, dieser Hund würde ihr viel Arbeit machen. Mein Vater wollte auf gar keinen Fall einen Mischlingshund, einen Bastard, wie er es nannte. Und ein reinrassiger wäre eben zu teuer.

Ganze zwei Jahre bettelte ich wegen eines Hundes, machte Angebote und Versprechungen. Ich wollte auf mein gesamtes Taschengeld verzichten, nie mehr ein Geschenk zum Geburtstag oder zu Weihnachten. Aber was ich auch versuchte, es gab keinen Hund für mich.

Kurz nachdem ich mein Elternhaus verlassen hatte, meine Schwester war ungefähr sieben oder acht Jahre alt, wünschte sie sich ein Pony. Und siehe da, es dauerte nicht lange und der Toni stand hinten auf der Weide.

Meine Mutter hatte in einem Film gesehen, wie ein Mädchen mit fliegenden Locken auf einem Pony reitet und dabei von einem Hund begleitet wird. Sie fand diese Szene so entzückend. Und so gab es für meine Schwester einen reinrassigen Pudel als Draufgabe.

Wir wuchsen völlig unterschiedlich auf, ich war das Prügelkind und meine Schwester die Prinzessin.

Meine ganze Kindheit über habe ich Tag für Tag durch Anpassung, Artigkeit und Leistung versucht, die Liebe meiner Eltern zu erringen. Jahrelang hatte ich mir in der Schule die größte Mühe gegeben, gearbeitet, gelernt und alles mit Erfolg. Aber ohne ein einziges Wort des Lobes oder der Anerkennung von unseren Eltern.

Als Erwachsene lernte ich zwei Berufe, bestand beide Prüfungen mit Auszeichnung, arbeitete hart und erreichte viel. Von meinen Eltern nicht ein einziges Wort der Wertschätzung.

Wenn aber später im Garten meiner Schwester nur die Radieschen durch die Erde brachen, berichtete mir unser Vater in aller Ausführlichkeit, was für eine fleißige und stets bemühte Frau meine Schwester doch sei. Er tat dies immer mit stolzgeschwellter Brust und Bewunderung in der Stimme.

Meine Schwester bekam alles und, ich musste verzichten. Ihr wurde so viel Liebe entgegengebracht, während ich mich mit Prügel und Häme abzufinden hatte. Trotzdem habe ich ihr das nie angekreidet oder übel genommen.

Sie war ein Kind und genauso wenig wie ich verantwortlich für die Situation in unserem Elternhaus. Sie hat, wie Kinder es nun mal tun, alle Vorzüge und Vorteile einfach ungefragt hingenommen.

Meine Schwester hat ihr Leben lang von meinen Eltern genommen, was sie bekommen konnte, für sich, für ihre ganze Familie. Das war für mich auch in Ordnung so.

Aber in einem Telefongespräch Weihnachten 2014 unterstellte sie mir, ich sei einzig und allein am Geld unseres Vaters interessiert. Und im selben Atemzug erklärte sie mir, dass sie deshalb nichts mehr mit mir zu tun haben wolle.

Es stimmt, nachdem ich mein Elternhaus sehr früh verlassen hatte, habe ich mich nicht mehr viel um meine Eltern gekümmert. Ich habe meine Schwester damit allein gelassen.

Vielleicht ist es zu viel verlangt, aber ich hätte mir gewünscht, sie hätte mich nur einmal nach meinen Gründen gefragt, einmal von sich aus den Kontakt zu mir gesucht. Aber ohne mich und die Ursachen für mein Verhalten zu kennen, hat sie mich verurteilt. Ich war danach sehr verletzt.

Mein Vater hat mich meine ganze Kindheit hindurch misshandelt, sodass ich noch Jahrzehnte später Albträume hatte, meine Mutter hat mich stets von sich gestoßen und mir klargemacht, was für eine Belastung ich doch bin, und meine Schwester hat sich nicht im Geringsten für mich interessiert.

Und ich muss mir zu Weihnachten sagen lassen, dass ich einfach nur geldgierig bin. Nein, Schwester, für ein einziges liebes Wort von dieser Familie hätte ich mit Freuden auf jegliches Geld verzichtet.

Die Freunde meines Vaters

Meinem Vater waren seine Freunde immer wichtig, sehr viel wichtiger als seine Familie. Ihre Meinung ging ihm über alles. Als er mit gerade einmal zwanzig Jahren heiraten musste, sah er keinerlei Veranlassung, sein Junggesellenleben aufzugeben.

Er zog weiterhin mit seinen Kumpeln durch die Kneipen. Sie liebten Boxkämpfe und ihre schweren Motorräder, verschwanden manchmal tagelang.

Die Reden dieser Männer waren grob und selbstgefällig. Frauen und Kinder schienen für sie Menschen zweiter Klasse zu sein. Sie liebten gewalttätige Filme und Wildwestromane, prahlten mit ihrer Kraft und mit Geld, das sie gar nicht hatten. Sie fühlten sich stark und großartig. Aber es war meine Oma, die das Geld verdiente, um Mama und mich zu versorgen.

Mein Vater war der einzige in seiner Runde, der ein kleines Mädchen zu Hause hatte, und das fanden die Kumpel spannend und unterhaltsam.

Nach so mancher Kneipentour kamen sie mit zu uns in die Wohnung. Sie polterten die Treppe herauf und stürmten ins Schlafzimmer, um zu sehen, ob ich schon wieder gewachsen war. Sie holten mich aus dem Bettchen, nahmen mich nacheinander auf den Arm und wiegten mich hin und her. Dabei streichelten sie mich, wobei sich hin und wieder auch eine Hand unter mein Nachthemdchen verirrte.

„Ach, bist Du groß geworden" oder „Was für ein hübsches Mädchen Du doch bist" sagten sie dann.

Ich war vier Jahre alt, und mir waren diese Männer zutiefst zuwider. Sie rochen unangenehm nach Zigaretten und Bier, sprachen und lachten laut. Ich drehte und wand mich und versuchte, sie wegzustoßen. Je mehr ich mich wehrte, desto fester hielten sie mich. Wenn ich dann anfing zu weinen, riss mein Vater nur die Augen auf, holte tief Luft, und seine Hand zuckte. Dann wurde ich aus Angst ganz still. Mir war unbehaglich zumute, und ich hasste diese Momente.

Meine Mutter stand daneben. Und wenn die Männer dann endlich weiterzogen, legte sie mich ins Bett, deckte mich zu und machte das Licht aus.

Je älter ich wurde, desto seltener kamen sie, und schließlich hörten diese Besuche ganz auf.

Jahre später hatte mein Vater einen Freund, der Hans hieß. Er war anders als seine übrigen Kumpel, zurückhaltend und seiner Familie sehr zugetan. Er verbrachte seine Freizeit nicht in Kneipen, soff und rauchte nicht und hatte auch nicht viel für grobe Reden und Gewalttätigkeiten übrig. Für die damalige Zeit ungewöhnlich, übernahm er sogar Pflichten im Haushalt wie Einkaufen oder Putzen. Mein Vater zog ihn deswegen gern auf, nannte ihn hinter seinem Rücken Weichei und Waschlappen.

Als ich in die Pubertät kam und meine Brüste anfingen zu sprießen, stellte Hans mir nach. Er stand auf junge Mädchen. Wann immer er mich allein erwischte, flüsterte er mir Anzüglichkeiten ins Ohr.

Wollte ich weglaufen, hielt er mich fest, lachte und wurde noch deutlicher in seinen Ausführungen. Er berichtete sehr anschaulich und detailliert, wie Frauen und Mädchen sich selbst befriedigen können, Stichwort: Colaflasche. Auch genaue Beschreibungen der männlichen Genitalien im ausgefahrenen Zustand waren sehr beliebt bei ihm.

Ich wollte das nicht, es war mir eklig, und trotzdem gelang es mir nicht, ihn in die Schranken zu weisen. Für mich war er eine Autoritätsperson. Außerdem befürchtete ich, er könnte sich negativ über mich bei meinem Vater äußern. Das hätte handfeste Folgen gehabt. Also schwieg ich aus Angst und beschränkte mich darauf, ihm aus dem Weg zu gehen.

Der Mann war einfach widerlich, glatzköpfig, mit Glupschaugen und einem lüsternen Blick. Wie genüsslich er sich mit seiner Zunge über die Lippen leckte!

Mit der Zeit wurde er immer dreister. Er sagte, er wolle gerne mit mir schlafen, mich in die Geheimnisse der körperlichen Liebe einweihen. Ich war vierzehn!

„Wie schade, dass das, was ich mit Dir tun möchte, verboten ist. Obwohl es Dir wirklich guttun würde", meinte er. Es gab niemanden, dem ich mich anvertrauen konnte.

In den Sommermonaten fuhren wir für vier Wochen zum Camping nach Bardolino am Gardasee, leider gemeinsam mit Hans und seiner Familie. Hier wurde es für mich noch schwieriger, ihm aus dem Weg zu gehen. Ob ich spazieren gehen, schwimmen oder mich sonnen wollte, zufällig hatte Hans das Gleiche vor. Wenn ich im Bikini war, liebte er es, seinen Körper an meinen zu drängen und mir mit seinen Fingerspitzen sanft über die Brüste zu streichen. Gerne zupfte er leicht an meinem Höschen, wobei ich in Panik geriet. Darauf folgte ein Lächeln. Ich glaube, meine Ängstlichkeit hat ihn besonders angemacht.

Morgens war es meine Aufgabe, die Frühstücksbrötchen in Bardolino zu kaufen. Dummerweise brauchte Hans' Familie ebenfalls Brötchen, und das Einkaufen übernahm grundsätzlich er.

Sobald ich die Zeltplane zurückschlug, um mich auf den Weg zu machen, kam aus dem Nachbarzelt mein Verfolger. Der Weg zum Bäcker und zurück nahm eine halbe Stunde in Anspruch, die er ausführlich nutzte. Also ließ ich mir eine Menge einfallen, um ihm zu entkommen. Angeblich verschlief ich oder schlich schon sehr früh los. Oftmals nahm ich große Umwege in Kauf.

Leider bemerkte meine Mutter, dass ich Hans aus dem Weg ging und stellte mich zur Rede. Sie hielt mein Verhalten für schlechtes Benehmen, und ich traute mich nicht, ihr die

Wahrheit zu sagen. Stattdessen erfand ich Ausflüchte, die meine Mutter aber nicht gelten ließ.

Ihre größte Sorge war, dass der „liebe" Hans schlecht von mir denken könnte, und so verbot sie mir kurzerhand mein ungezogenes Verhalten und verlangte, dass ich mit ihm gemeinsam Brötchen hole.

Ich schloss mich einer Gruppe von Jugendlichen in meinem Alter an. Tagsüber lagen wir auf dem Steg, hörten Musik und gingen zwischendurch schwimmen. Am frühen Abend gingen wir nach Bardolino und saßen dort in einer Bodega zusammen.

In dieser Runde war ich sicher. Die Jungen und Mädchen boten mir, ohne es zu wissen, Schutz. Hans war das ein Dorn im Auge. Keine Gelegenheit ließ er aus, meinem Vater zu suggerieren, wie gefährlich junge Männer für ein unbedarftes Mädchen wie mich seien. Abends, bei einem Glas Wein, beschrieb er gern, was alles so passieren könnte. Dabei ließ er sich zu Einzelheiten hinreißen und unterstellte meinen neuen Freunden seine eigenen schmutzigen Gedanken.

Eines Tages beschloss die Clique, zum Tanzen auf die Terrasse eines naheliegenden Hotels zu gehen. Ich fragte meinen Vater um Erlaubnis, und der war einverstanden.

Da gerade Kaffeezeit war und die Erwachsenen zusammensaßen, hörte Hans das und mischte sich auch sofort ein. Wieder wies er auf die Gefahren hin, die einem jungen Mädchen wie mir von den bösen Buben drohen und schloss mit den Worten:

„Du musst ja wissen, was Du tust, Wolfgang, ich würde ihr das nicht erlauben. Die Verantwortung wäre mir viel zu groß."

Prompt zog mein Vater seine Erlaubnis zurück. Und da brach es aus mir heraus. Innerhalb kürzester Zeit sprudelte alles, was ich in den vergangenen Tagen und Wochen mit Hans erlebt hatte, aus mir heraus.

Noch bevor ich zu Ende geredet hatte, rastete mein Vater aus und schlug auf mich ein.

Meine Mutter umschlang sich derweil selbst mit ihren Armen, wiegte sich auf ihrem Stuhl hin und her und jammerte vor sich hin:

„Wie kann sie mir das nur antun, wie kann sie nur? Ich schäm mich zu Tode."

Hans und seine Frau verzogen sich schweigend.

Ich weiß nicht, was meine Eltern dachten. Ob sie glaubten, ich hätte mir alles nur ausgedacht? Sie hätten fragen können, mit mir reden müssen. Aber ernsthafte Gespräche gab es in dieser Familie nicht.

Noch Tage später lief mein Vater rot an, riss die Augen auf und hob seine Hand, sobald er mich nur sah. Er war außer sich. Meine Mutter konnte sich gar nicht genügend darüber auslassen, wie sehr sie sich um meinetwegen schämte.

Am Tag nach dem Vorfall war ein gemeinsamer Spaziergang der beiden Familien geplant. Ich wollte nicht mit, musste aber. Widerspruch wurde nicht geduldet.

Vorweg liefen meine Eltern und demonstrierten mit ihrer Tochter Silke die perfekte Familie. Es folgten Hans und seine Frau mit ihrem Sohn. Am Ende der Gruppe lief ich, mürrisch und mit verheultem Gesicht. Ich hörte Christa fragen:

„Ist da was dran an dem, was Annegret erzählt?"

Überheblich antwortete er:

„Aber nein, natürlich nicht. Du weißt doch, wie Mädchen in dem Alter sind. Die Hormone spielen verrückt, die Phantasie geht mit ihnen durch. Sie hat's halt auf mich abgesehen."

Schulterzucken, Kopfschütteln, eine wegwerfende Handbewegung. Die Antwort von Christa:

„Ich glaube Dir."

Von diesem Tag an war das Zusammensein mit den anderen Jugendlichen strengstens verboten. Allerdings konnte ich von jetzt an unbehelligt schwimmen gehen und wurde auch bei meinen Spaziergängen oder beim Brötchenholen nicht mehr belästigt. Hans hat nie wieder mit mir gesprochen.

Den Rest der Ferien verbrachte ich allein und ziemlich einsam.

Du sollst Vater und Mutter ehren

Mit 14 Jahren steckte ich mitten in der Pubertät. Ein Wort, das ich erst kennenlernte, als ich mich mit der Entwicklung meiner eigenen Töchter auseinandergesetzt habe.

Damals gab es dieses Wort in unserer Familie nicht. Aufklärung und vertraute Gespräche fanden nicht statt, Nachfragen wurden unterbunden.

Und so war es eine schwierige Zeit für mich. Nicht, dass mein Leben je einfach gewesen wäre, aber wie bei allen Jugendlichen war diese Zeit durch viele Unsicherheiten und einem Überschwang an Gefühlen geprägt. Nicht Fisch, nicht Fleisch versuchte ich, mich verzweifelt zu orientieren und fand keinen Halt dabei. Es gab einfach niemanden, der mir mit Rat oder Tat zur Seite gestanden hätte.

Zu den Auswirkungen dieser Zeit gehörte ein enormer Leistungsabfall in der Schule. Innerhalb eines halben Jahres rutschte ich in drei Unterrichtsfächern auf ein glattes „Mangelhaft".

„Versetzung gefährdet" stand in großen Lettern unter meinem Zeugnis.

Stundenlang fuhr ich mit meinem Fahrrad durch die Gegend, lungerte im Stadtpark herum und saß allein in der Kirche. Was würde passieren, wenn ich mit diesem Zeugnis nach Hause käme?

Schließlich schlich ich mich in die Küche. Meine Mutter schimpfte, weil ich zu spät zum Essen kam, mein Vater lag wie gewöhnlich auf der Couch. Dreimal tief durchgeatmet, weckte ich ihn und rechnete mit dem Schlimmsten.

Mit hochgezogenen Schultern, die Arme fest vor den Bauch gepresst und zusammengekniffenen Augen wappnete ich mich. Aber, oh Wunder, nichts geschah.

„Wenn Du es schaffst, bis zum nächsten Zeugnis die Fünfen loszuwerden", sagte er, „kriegst Du einen

Schallplattenspieler geschenkt." Danach legte er sich zurück und schlief weiter.

Ich schlich in mein Zimmer und weinte vor Erleichterung. Schon bald kam Freude in mir auf. Einen Plattenspieler, ich würde einen eigenen Plattenspieler bekommen.

Der Gedanke daran verlieh mir Flügel, und ich kannte nur noch ein Ziel: wieder eine gute Schülerin zu werden. Ich arbeitete hart, wann immer es möglich war, und schon bald besserten sich meine Noten. Die Lehrer äußerten sich sehr zufrieden über meine Leistungen.

Nach einem halben Jahr hatte ich es geschafft: nur noch Zweier und einige Dreier auf dem Zeugnis, dazu lobende Worte.

Stolz und glücklich ging ich damit nach Hause und präsentierte mein Zeugnis. Voller Erwartung konnte ich kaum still stehen, während mein Vater las. Dann sah er mich an und brummte:

„Hm, das kann man ja wohl von Dir erwarten, hm", drehte sich um und legte sich auf seine geliebte Couch. Das war alles? Enttäuscht ging ich in mein Zimmer.

Nach ein paar Tagen wagte ich es, ihn an sein Versprechen zu erinnern. Als Antwort bekam ich ein „Weiß nicht, mal sehen", und das war es dann.

Aber ich war hartnäckig, denn schließlich hatte ich viel für diese guten Noten getan, und ich wollte meine Belohnung.

Immer wieder erinnerte ich ihn an das Versprechen, das er mir gegeben hatte. Erst als es Ohrfeigen hagelte, hörte ich damit auf.

Ich hatte meinem Vater geglaubt und alles getan, um ihn nicht zu enttäuschen. Ganz fest hatte ich ihm geglaubt. Und jetzt wurde er wortbrüchig. Ich fühlte mich verraten und betrogen.

Die Zeit verging, und ich versuchte, zu vergessen. Es gab keinen Plattenspieler, fertig, aus!

Und dann, es mag wohl mehr als ein Jahr später gewesen sein, kam mein Vater mit einem Paket unterm Arm nach Hause. Mit den Worten: „Hier, wolltest Du doch immer schon haben", drückte er es mir in die Hand. Dann verzog er sich auf seine Couch und drehte sein Gesicht zur Wand. Mit klopfendem Herzen packte ich aus. Und da war er dann endlich, mein Schallplattenspieler!

Zugegeben, er sah etwas merkwürdig aus, so ganz anders als die Apparate, die ich bei meinen Klassenkameradinnen gesehen hatte.

Meiner war sehr, sehr leicht, eckig mit scharfen Kanten, aus hellgrauem Kunststoff und einem Rand in Holzoptik. Auch die Mechanik war simpel. Der Tonarm war eine dünne Metallstange mit einem Gegengewicht hinten und vorn einer Halterung, in der man die Nadel befestigen konnte. Eigentlich waren es zwei Nadeln, die oben und unten in einem Stückchen Silikon steckten und die man je nach Bedarf drehen konnte. Die grün-markierte Nadel war für Langspielplatten und Singles, die rot-markierte für die alten Schellackplatten, die mit einer höheren Geschwindigkeit liefen. Diese Vorrichtung war in der Beschreibung als Tonkopf bezeichnet.

Das Gerät hatte einen Ein-Aus-Schalter, einen Schalter für die Geschwindigkeit und einen kleinen Lautstärkeregler. Wie gesagt, der Plattenspieler sah etwas merkwürdig aus, aber das war jetzt egal. Ich war überglücklich.

In den nächsten Wochen legte ich mein ganzes Geld, das ich mit Babysitten verdiente oder bei meiner Oma erbetteln konnte, in Schallplatten an. Roy Black und Rex Gildo waren meine Favoriten. Aber auch Musik aus der Flowerpower Bewegung, allen voran das Musical „Hair", gehörte zu meiner bescheidenen Sammlung.

Mein absoluter Lieblingssong war „Ruby Tuesday" von den Rolling Stones. Das war mein Lied.

Wann immer ich in meinem Zimmer war, spielte die Musik. Da ich nur eine Handvoll Schallplatten besaß, hörte ich dieselben Lieder immer wieder, manchmal in Dauerschleife. Ich liebte es, kannte die Texte auswendig und konnte sie mitsingen.

Doch schon nach wenigen Monaten fand das Vergnügen ein Ende. Mehr und mehr klang die Musik blechern, wurden die Worte undeutlicher. Es kratzte beim Abspielen der Schallplatten.

Nach einigen Gesprächen mit Klassenkameraden war klar, die Nadel war abgenutzt und musste ersetzt werden.

„Kein Problem", dachte ich und machte mich auf in das nächste Elektrogeschäft mit Hi-Fi-Abteilung. Sicherheitshalber hatte ich die Nadel ausgebaut und als Muster mitgenommen. Wie erstaunt war ich, als der Verkäufer bedauernd den Kopf schüttelte.

„So etwas führen wir nicht", waren seine Worte.

„Blöder Laden", dachte ich noch und versuchte es im nächsten Fachgeschäft.

Aber wohin ich auch kam, nirgendwo gab es eine Ersatznadel für meinen Schallplattenspieler. Ob in Marl, Hüls oder Drewer, selbst in Recklinghausen, überall erntete ich lediglich ein entmutigendes Kopfschütteln. Die Nadel war abgenutzt, und es gab keinen Ersatz zu kaufen.

Meine allerletzte Hoffnung war ein kleines Radio- und Fernsehgeschäft in einer Nebenstraße, das mir bisher zu unbedeutend erschienen war.

Nach Vorzeigen der Nadel erhielt ich auch hier die bereits bekannte Antwort. Jetzt hatte ich Mühe, meine Tränen zurückzuhalten. Der junge Mann, nur wenig älter als ich selbst, sah dies und erbarmte sich.

„Moment", sagte er, „ich kann da mal was nachschauen, vielleicht können wir Ersatz bestellen. Das würde allerdings bis zu zwei Wochen dauern."

Er schleppte einen Stapel dicker Kataloge herbei und begann, darin zu blättern. Hoffnung machte sich in mir breit. So ein netter junger Mann.

Ein Buch nach dem anderen sah er durch, immer wieder vor und zurück, schüttelte dabei den Kopf und nickte an anderer Stelle. Dann hob er den Kopf und fragte entgeistert:

„Das kann nicht sein, wo haben Sie den Plattenspieler her?"

„Von meinem Vater, ich weiß nicht, wo er ihn gekauft hat."

Daraufhin erklärte mir der junge Mann, dass der diesen Schallplattenspieler nicht gekauft haben konnte. Es handelte sich dabei um ein Produkt aus dem Osten. Hergestellt wurde er in der DDR, und die Ausfuhr war verboten.

„Er dürfte gar nicht hier bei uns sein, Sie dürften so etwas gar nicht besitzen", meinte er verblüfft.

Natürlich konnte er keinen Ersatz bestellen und hob, wie alle anderen, nur bedauernd die Schultern.

Er riet mir dann, die andere, also die rot-markierte Nadel zu benutzen, sie würde genauso gut klingen. Allerdings sei abzusehen, dass auch sie nicht lange halten würde.

Auf dem Nachhauseweg grübelte ich darüber nach, wie mein Vater zu diesem Plattenspieler gekommen sein mochte. Wir hatten keinerlei Beziehungen zu Menschen in der DDR. Kaufen konnte man das Gerät bei uns nicht. Wo also hatte mein Vater es her?

Natürlich wagte ich nicht, ihn zu fragen, weder an dem Tag noch später. Dazu hatte ich viel zu viel Angst vor ihm. Die einzige Erklärung, die mir schlüssig erschien, war, dass er den Plattenspieler in der Kneipe bei irgendeiner Wette oder einem Glücksspiel gewonnen hatte. Wie auch immer, die Sache war mysteriös.

In meinem Zimmer legte ich mir meine Lieblingsplatte auf, warf mich auf das Bett und war einfach nur traurig.

So viele Dinge gingen mir durch den Kopf. Zuerst hatte es mehr als ein Jahr gedauert, bis ich den versprochenen

Plattenspieler bekam. Und dann hatte er ihn auch nicht gekauft, um mich für meine Leistungen zu belohnen. Nein, durch irgendeinen dubiosen Zufall war er an das Ding geraten, konnte es selbst nicht gebrauchen und hatte sich deshalb an mich erinnert.

So war das immer, stets nur das Einfachste und Billigste für mich. Das, was andere nicht gebrauchen konnten, wurde mir überlassen. Wohl zum tausendsten Mal stellte ich mir die Frage:

„Was ist nur mit mir los? Warum behandeln mich meine Eltern so? Bin ich ein schlechter Mensch? Wertlos?"

Immer wieder setzte ich die Nadel auf den Anfang von „Ruby Tuesday", hörte in einer Endlosschleife zu und war traurig.

Plötzlich wurde die Zimmertür aufgerissen, und mein Vater stürmte herein. Er sah auf den Plattenspieler.

„Du hast die falsche Nadel aufgesetzt", bellte er.

Ich setzte zu einer Erklärung an. Doch kaum hatte ich den Mund aufgemacht, da schlug er auch schon mit aller Härte zu.

In diesem Moment zerriss etwas in mir, ich sah nur noch rot. Blitzartig erschien das ganze Elend meiner 16 Jahre vor meinem inneren Auge, alle Erniedrigungen und Demütigungen. Jäh überrollte mich eine Welle von Jähzorn und Gewalt. Alles, was dieser Mann jemals in mich hineingeprügelt hatte, überschwemmte mich. Und ich schlug zurück.

Mein Vater ging, völlig überrascht von meinem Angriff, zu Boden. Er versuchte, sein Gesicht mit den Armen zu schützen, doch ich kannte kein Halten. Wie entfesselt schlug und trat ich auf ihn ein. Blut lief ihm aus der Nase.

Durch den Krach alarmiert kamen meine Mutter und Oma ins Zimmer gestürzt. Diese beiden Frauen, die jahrelang tatenlos zugesehen hatten, wie ein kleines Kind misshandelt wird, diese beiden Frauen schützten plötzlich den Mann.

Sie hielten mich fest, stellten sich zwischen uns. Dann halfen sie ihm auf die Beine, wischten ihm das Blut aus dem

Gesicht. Und während sie ihn stützten und aus dem Zimmer führten, redeten sie tröstend auf ihn ein.

Mich hatte nach den Prügelattacken meines Vaters nie jemand getröstet. Da hatten sie immer so getan, als sei nichts passiert.

Ich selbst war wie erstarrt, legte mich auf mein Bett, zog die Decke über den Kopf und war unfähig, einen klaren Gedanken zu fassen.

Ich hatte gegen das Vierte Gebot verstoßen und meinem Vater Gewalt angetan. Das war eine schwere Sünde, wenn nicht gar eine Todsünde. Mir war nur eines bewusst, ich hatte mein Leben verwirkt.

Meine Oma und die Heilige Katholische Kirche hatten mir an jedem Tag meines Lebens klargemacht, dass ich gehorsam und angepasst zu sein und ihren Anweisungen zu folgen hätte. Allen voran hatte ich die Zehn Gebote und die Regeln des Katechismus und der Kirche einzuhalten.

Wie auch immer meine Eltern mich behandelt hatten, stets war es mir gelungen, ihnen mit Respekt zu begegnen. Wenn auch aus Angst.

Doch nun wartete das ewige Höllenfeuer auf mich. In diesem Moment glaubte ich, mein Leben sei zu Ende. Ich war entsetzt. Für diese Tat, die ich soeben begangen hatte, gab es keine Vergebung.

Aber noch etwas Merkwürdiges passierte an jenem Nachmittag. Nachdem ich eine ganze Weile wie betäubt auf meinem Bett gelegen hatte, klopfte es an der Tür, und mein Vater kam herein. Er stellte sich vor mich, gab mir die Hand und sagte tatsächlich:

„Entschuldigung."

Sogar einen Diener machte er dabei. Ich war fassungslos. Noch heute fehlen mir die Worte.

Dieser Mann, der sich nicht scheute, ein kleines, wehrloses Kind immer wieder zu verprügeln, anstatt es zu lieben und zu schützen, dieser Mann verneigte sich vor einem 16-jährigen Mädchen, das ihn soeben verhauen hatte. Unglaublich!!!

Danach war nichts mehr wie früher. Alle gingen sich gegenseitig aus dem Weg. Hatten wir bisher nur wenig geredet, so wurde es jetzt fast vollständig eingestellt. Ohne ein Wort waren wir uns alle einig, von diesem Ereignis durfte nie jemand erfahren.

Ich hatte nur noch einen einzigen Wunsch, weg von hier, ganz weit weg. Alles andere war mir gleichgültig.

Bis es soweit war, verbrachte ich meine Tage, soweit es möglich war, außer Haus. Nur zu den Mahlzeiten kam ich heim und auch das nicht regelmäßig. Meine Eltern störte das nicht, sie fragten nie nach. Morgens war ich in der Schule, nachmittags trieb ich mich mit meinen Freunden und Freundinnen herum, auf Parkbänken, im Schwimmbad. Nur bei Kälte und Regen wurde es schwierig.

Ausgetrickst

Meinen größten Wunsch, Bibliothekarin zu werden, trug ich zu Grabe. Schließlich hätte ich dafür Abitur und ein Studium gebraucht. Einen anderen Berufswunsch hatte ich nicht. Die Hauptsache für mich war, möglichst schnell ausreichend Geld zu verdienen, um mein Elternhaus zu verlassen.

Meine erste Wahl war damals eine Anstellung beim Fernmeldeamt in Recklinghausen, um dort nach fünf Jahren als Angestellte die Beamtenprüfung machen zu können. Da es sich nicht um eine Ausbildung im klassischen Sinne handelte, sondern um eine volle Berufstätigkeit in der Verwaltung, unterbrochen von mehreren Lehrgängen, verdiente man mehr Geld als ein Auszubildender, damals noch Lehrling genannt. Leider wurden in dem Jahr nur sechs Beamtenanwärterinnen eingestellt, und ich war nicht dabei.

Ich bekam stattdessen einen Lehrvertrag als Bürokauffrau in einem großen Möbelgeschäft, zusammen mit einer Klassenkameradin. Die Arbeit dort war einfach nur ätzend. Tage verbrachte ich damit, Blatt für Blatt eines meterhohen Papierstapels alphabetisch in meterlange Regale mit entsprechenden Aktenordnern zu sortieren. Oftmals musste ich stundenlang einfach nur im Empfangsbereich des Möbelhauses sitzen und Kunden erklären, wo sie was fanden. Außerdem durfte ich der Chefin beim Bügeln helfen, Toiletten putzen und einkaufen. Jeder in der Firma, vom Chef bis zum Möbelpacker, duzte mich und hatte das Recht, mich herumzuscheuchen.

Und dann einmal wöchentlich Berufsschule. Roswitha und ich waren die einzigen Schülerinnen mit einem Realschulabschluss. Für mich war der Unterrichtsstoff simpel und zum Einschlafen. Diese Ausbildung war auf der ganzen Linie ein Reinfall, langweilig und ohne Herausforderung für mich.

Als ich zwei Monate später erfuhr, dass die Deutsche Bundespost noch einmal drei Bewerberinnen einstellen würde, kündigte ich und bewarb mich erneut. Meine Mutter war strikt dagegen. Sie fand es peinlich gegenüber meinem Lehrherrn, besonders deshalb, weil mein Vater ihn persönlich kannte. Sie musste sich wieder einmal für mich schämen.

Doch zum Glück reichte für die erneute Bewerbung ein Telefonanruf, die anderen Unterlagen, inklusive Unterschrift meines Erziehungsberechtigten, lagen noch vor. Meine Chefin im Möbelhaus war sehr ungehalten. Aber auch das war mir egal, ich wollte nur einen Job, der gut bezahlt wurde und Sicherheit bot. Also machte ich, was ich für richtig hielt.

September 1969 begann ich meine Arbeit als Nachwuchskraft für den mittleren Fernmeldedienst. Ich war nun Verwaltungsangestellte, und in vier Jahren würde ich Beamtin sein.

Von den 370,- DM, die ich monatlich netto verdiente, nahmen meine Eltern mir für das 8 qm große Zimmer, in dem ich schlief, 150,- DM ab. Von dem Rest musste ich noch 90,- DM für die Busfahrkarte nach Recklinghausen zahlen, sowie die Essensmarken für die Kantine. Nicht einmal 100,- DM blieben für Kleidung, Kosmetika, hin und wieder ein Buch und gelegentliches Ausgehen. Nach wie vor blieb in Sachen Kleidung die Caritas meine erste Adresse. Ich sparte jeden Pfennig, den ich erübrigen konnte. Und freute mich über jede Gehaltserhöhung.

Anfang 1970 überredete mich meine damalige Kollegin und Freundin Ute zu einer Studienreise nach Prag. Anschließend sollte es für eine Woche in die Hohe Tatra gehen, alles organisiert von der Deutschen Postgewerkschaft.

Kommentarlos gab mein Vater die Erlaubnis dazu. Ich brauchte seine Zustimmung, denn ich war erst 18 Jahre alt. Ute und ich fuhren nach Frankfurt zu einem Einführungsseminar. Von da aus ging es mit einem völlig veralteten Zug quer durch die Tschechoslowakei nach Prag. Die Holzbänke waren hart und unbequem, die Heizung funktionierte nicht. Die Fahrt schien nicht enden zu wollen.

Unterwegs lernte ich Georg kennen, Postbote aus Bremen. Er sah mich und heftete sich an meine Fersen. Von da an konnte ich nichts mehr unternehmen, ohne Georg im Schlepptau zu haben.

Er war kaum größer als ich und hatte mausbraune schüttere Haare, die er ziemlich lang trug. Das Auffälligste an ihm war eine knielange zottelige Fellweste, die ihm von den mitreisenden jungen Männern eine Menge Spott einbrachte. Aber das machte ihm gar nichts. Er liebte dieses Teil und verzichtete selbst im Theater nicht darauf.

Georg war weder attraktiv noch charmant oder geistreich. Aber er war lustig und brachte mich durch seine Albernheiten immer wieder zum Lachen. In seiner Gegenwart fühlte ich mich gut.

Es war das allererste Mal in meinem Leben, dass jemand zu mir sagte, ich sei hübsch. Das erste Mal, dass sich jemand Zeit für mich nahm und nach meinen Wünschen fragte. Er wurde mir von Tag zu Tag sympathischer.

Wir entdeckten gemeinsam Prag und fuhren später stundenlang Schlittschuh auf einem kleinen See in der Hohen Tatra. Mit dem stets gutgelaunten Georg an meiner Seite fühlte ich mich leicht und beschwingt. Es waren wunderschöne Tage.

Kaum zu Hause umfingen mich Gleichgültigkeit und Ablehnung. Weder Vater noch Mutter, Oma oder kleine Schwester fragten nach meinen Erlebnissen oder wie die Reise war.

„Da bist Du ja wieder", sagte meine Mutter und kümmerte sich weiter um Silke.

Diese streckte mir die Zunge raus. Mein Vater lag wie gewöhnlich auf der Couch, mit dem Gesicht zur Wand, und brummte etwas Unverständliches. Niemand freute sich, mich zu sehen.

Am nächsten Tag ging ich wieder zum Dienst. Von nun an telefonierten Georg und ich mehrmals täglich miteinander. Oft blieb ich noch lange nach Dienstschluss im Büro, um ungestört mit ihm reden zu können.

Georg war der einzige, dem ich etwas bedeutete, der mich und alles, was ich sagte, ernst nahm. Er mochte mich und redete immer häufiger von Liebe.

Wir besuchten uns einige Male gegenseitig. Meine Eltern begrüßten ihn distanziert, und wir quälten uns gemeinsam durch Kaffee und Kuchen. Seine Eltern dagegen empfingen mich mit offenen Armen. Georg hatte noch eine Zwillingsschwester und einen älteren Bruder. Es war eine nette Familie. Sie saßen viel zusammen, erzählten sich alles und gingen einfach lieb miteinander um. Ich fühlte mich wohl bei ihnen. Zum ersten Mal hatte ich eine Familie, in der ich gern gesehen und willkommen war.

Zwar gab es auch Dinge, die mich unangenehm berührten, doch diese schob ich kurzerhand beiseite.

Zum einen war das Georgs Mutter. Sie war, genau wie ihr Mann, klein, dick und stets ein wenig nachlässig gekleidet. Ein Fleck auf dem Pullover oder der ständig hervorblitzende Unterrock störten sie nicht. Von ihr ging etwas aus, das keinen Widerspruch duldete. Ohne je die Stimme zu erheben, beherrschte sie ihre Familie. Sie kümmerte sich um alles, sie regelte alles. Gleichzeitig strahlte sie Geborgenheit aus, ein Gefühl, das ich bisher nicht kannte.

Das andere waren die Wohnverhältnisse. In einem Mehrfamilienhaus hatten sie die oberste Etage gemietet, zwei Wohnungen, die nur über das Treppenhaus miteinander verbunden waren. Jede hatte vielleicht 45 qm, aufgeteilt in winzige Zimmer mit schrägen Wänden. Badezimmer gab es nicht. Jede Wohnung hatte eine Toilette mit Waschgelegenheit.

Hier lebten Georgs Eltern, sein Bruder mit seiner Freundin, die Mutter seines Vaters und Georg selbst. Trotz der Enge kamen sie gut miteinander aus.

Nie habe ich einem von ihnen erzählt, dass mein Vater mich jahrelang grün und blau geschlagen hatte und meine Mutter nur zufrieden war, wenn ich ihr aus dem Weg ging. Ich habe mich dafür geschämt und die Schuld bei mir gesucht. Viel zu groß war meine Furcht, dass sie schlecht über mich denken könnten. Aber ihre Wertschätzung war mir wichtig.

Ich hatte jetzt eine neue Familie und wollte sie auf keinen Fall wieder verlieren. So gab ich mir die größte Mühe, passte mich an und zeigte mich stets von meiner besten Seite.

Schon bald war mir klar, dass ich mein Elternhaus verlassen und zu Georg ziehen würde. Ein-, zweimal brachte ich vorsichtig die Sprache auf eine eigene Wohnung und stieß damit auf Ablehnung.

„Ich bestimme, ob Du gehst oder bleibst, und ich sage nein, basta!", lauteten die Worte meines Vaters.

Also schwieg ich und suchte gleichzeitig nach einem Ausweg. Auch in Bremen gab es natürlich ein Fernmeldeamt, und ich stellte einen Versetzungsantrag.

Dummerweise war ich noch nicht 21 und somit auch nicht volljährig. Ich brauchte für meine Versetzung die Unterschrift eines Erziehungsberechtigten. Doch ich hatte einen Plan und betete inständig, er möge gelingen.

Ich wartete ab, bis mein Vater auf Kneipentour war und meine Mutter sich mit einem Kreuzworträtsel beschäftigte. Wie ich erwartet hatte, reagierte sie genervt, als ich sie ansprach. Aber ich ließ mich nicht abwimmeln und erzählte in aller Ausführlichkeit meine Geschichte:

„Das Fernmeldeamt in Bremen hat große Personalprobleme, es fehlen Mitarbeiter. Sie haben meinen Chef um Hilfe gebeten. Und der will nun, dass ich für drei Monate dort hingehe. Ich will ja eigentlich gar nicht, aber der macht ziemlichen Druck. Deshalb habe ich ja gesagt. Du musst nur noch unterschreiben. Sind ja nur drei Monate!"

Meine Mutter war viel zu unselbständig, um solche Dinge zu entscheiden.

„Das muss der Papa machen", sagte sie.

„Aber Papa ist nicht da. Und ich muss das Schreiben morgen früh meinem Chef vorlegen, sonst krieg ich tüchtig Ärger."

Das Wort vom Chef zog natürlich, und mit einem Seufzen ließ sie sich die Papiere geben. Ich hielt ihr nur die Einverständniserklärung und den Kugelschreiber hin und erklärte:

„Auf den anderen Seiten steht das mit der Abordnung für drei Monate, alles nur Amtsdeutsch, verstehst Du doch nicht."

Ich bekam meine Unterschrift, und alles andere war mir egal. Auch dass mein Vater am nächsten Tag einen fürchterlichen Ärger veranstaltete.

Keinem von beiden war zu dem Zeitpunkt klar, dass ich auf dem Weg war, sie endgültig zu verlassen.

Ein paar Wochen dauerte es noch, bis alle Formalitäten erledigt waren. Aber dann fuhr Georg abends im Dunkeln mit seinem VW-Käfer vor. Wir packten meine wenigen Habseligkeiten ein und fuhren vom Hof.

Mein Vater war, wo auch sonst, in der Kneipe, meine Mutter winkte kurz, und Oma schaute mir aus dem Fenster hinterher.

Ich drehte mich nicht ein einziges Mal um. Nie wieder würde ich hierher zurückkehren. Nie wieder. Dachte ich.

Auch Kuchenbacken will gelernt sein

Georg hatte ein kleines Apartment für mich gefunden, nicht weit von der Wohnung seiner Eltern entfernt. Es war 32 qm groß, aufgeteilt in Wohn-Schlafraum, Kochnische, Bad und Flur. Das einzige Fenster ließ einen Blick auf einen tristen, nach Norden gelegenen Innenhof zu.

Endlich, endlich war ich frei, weit weg von der niederdrückenden Atmosphäre in meinem Elternhaus. Jetzt konnte ich durchatmen und mein Leben selbst in die Hand nehmen.

Doch das erwartete Hochgefühl blieb aus. Stattdessen machte sich Verunsicherung in mir breit. Plötzlich hatte ich Hemmungen, auf andere Menschen zuzugehen, wusste nicht mehr, was richtig und was falsch war. Selbst unbedeutende Entscheidungen zu treffen, fiel mir schwer.

In meinem Elternhaus wurden Konflikte durch ein Machtwort meines Vaters gelöst oder mit dem Jammern meiner Mutter ausgehalten. Es gab Handgreiflichkeiten, Geschrei, Türenknallen oder abgrundtiefes Schweigen. Nicht ein einziges Mal hatte ich erlebt, dass ein Problem konstruktiv gelöst wurde. Ich war in keiner Weise für ein selbständiges Leben gerüstet. Also tat ich das, was ich am besten konnte, ich ging Problemen aus dem Weg.

Nach außen allerdings gab ich mich selbstbewusst und sicher. Ich war erwachsen, eine junge Frau auf dem Weg, lächelnd die Welt zu erobern.

Dabei stand ich unter einem unbeschreiblichen Druck. Ich musste meinem Vater beweisen, dass ich selbständig und ohne ihn bestens zurechtkäme. Meiner Mutter musste ich beweisen, dass ich hübsch und charmant war, jemand der gefiel und beachtet wurde. Vor allem aber musste ich mir selbst beweisen, dass ich wertvoll und liebenswert war.

Kaum hatte ich mich ein wenig eingewöhnt, kündigten meine Eltern ihren Besuch an. Jetzt würde ich es ihnen zeigen.

Zunächst startete ich einen großen Hausputz. Die Schränke von außen und innen, Fußboden und Fenster, jede noch so kleine Ecke wurde von mir inspiziert und auf Hochglanz gebracht. Am Ende strahlte das Apartment geradezu. Kein Staubkorn war mehr zu finden Meine Kleidung lag auf den Millimeter genau ausgerichtet im Schrank, das Besteck war nach Größe geordnet, und frische Blumen standen auf dem Tisch.

Begeistert sah ich mich in meinen vier Wänden um. Etwas fehlte noch. Ja, zur Begrüßung musste ein Kuchen her, natürlich ein selbstgebackener.

Doch leichter gedacht, als getan. Ich hatte noch nie einen Kuchen gebacken, und ein Kochbuch besaß ich auch nicht. Aber das konnte doch nicht so schwer sein. Und ein selbstgebackener Kuchen würde die beiden bestimmt von meinen Fähigkeiten als alleinlebende Frau überzeugen.

Ein Blick auf die Uhr sagte mir, dass ich noch zwei Stunden Zeit hatte. Also schnell zum Supermarkt um die Ecke und die notwendigen Zutaten gekauft.

Wieder zurück, begann ich alles zu mixen. Das eine oder andere Mal hatte ich meiner Oma beim Backen zugeschaut, und so wusste ich ungefähr, was in einen guten Kuchen gehört. Ganz deutlich hörte ich, wie sie sagte:

„Du darfst auf keinen Fall das Backpulver vergessen, dadurch geht der Kuchen auf und wird schön locker. Ohne Backpulver wird er hart und trocken."

Also Backpulver in den Teig. Aber wie viel? Ein Päckchen oder zwei? Sicherheitshalber rührte ich drei hinein, besser vier, schließlich sollte dieser Kuchen doch besonders locker sein.

Ein Blick auf die Uhr, es war noch knapp eine Stunde bis zur Ankunft meiner Eltern. Ich heizte den Backofen an und stellte den Kuchen hinein.

Noch einmal sah ich mich in meiner Wohnung um, alles war perfekt. Nun hatte ich Zeit und setzte mich in aller Ruhe vor den Ofen und schaute meinem Kuchen beim Backen zu.

Langsam stieg der Teig in der Form hoch, bekam eine goldige Farbe. Ein köstlicher Duft zog durch meine Miniwohnung. Zufrieden seufzte ich. Alles gut.

Doch was war das? Der Kuchen wurde größer und größer. An der linken Seite wuchs eine Beule, die zunehmend dicker wurde. Ich schob mich näher an das Backofenfenster, um besser sehen zu können.

Plötzlich knallte es, und Teig spritzte wild im Backofen herum. Erschrocken sprang ich zurück, brachte mich am anderen Ende des Zimmers in Sicherheit. Was war passiert?

Langsam schlich ich zum Ofen zurück und schaute vorsichtig durch das Glas. Mein Kuchen war explodiert. Immer noch lief flüssiger Teig aus und verteilte sich im ganzen Backofen. Hatte es bisher angenehm nach frischgebackenem Kuchen geduftet, roch es jetzt nach Verbranntem.

Die Backofentür war so heiß, dass ich Topflappen brauchte. Schnell durchwühlte ich die Küchenschubladen und brachte dabei meine gerade erst hergestellte Ordnung durcheinander.

Mittlerweile erfüllte Qualm meine kleine Wohnung, und es stank. Als ich schnell das Fenster öffnen wollte, stieß ich die Blumenvase um. Ich wurde immer panischer, sie würden bald kommen.

Auf der Suche nach Putzlappen riss ich meine Sachen aus dem Kleiderschrank. Hektisch machte ich mir Seifenlauge zurecht. Tollpatschig stieß ich den Eimer um und setzte damit den Teppichboden unter Wasser. Innerhalb weniger Minuten war aus meiner pedantischen Ordnung Chaos entstanden.

Hilflos stand ich mitten in dem Durcheinander, als es klingelte. Mein Herz schlug bis zum Hals. Ich öffnete die Tür.

Eine kurze Begrüßung, das obligatorische Küsschen, und schon stürmte mein Vater in die Wohnung, Mutter und ich folgten.

In der Mitte des Zimmers blieb er stehen. Sein Gesicht nahm eine hochrote Farbe an, er zog scharf die Luft ein, seine

Augen wurden riesig. Ich konnte fühlen, wie die Wut in ihm hochkochte.

„Ja", presste er hervor, „ja, genauso habe ich mir das vorgestellt."

Abrupt drehte er sich um und schaute aus dem Fenster, bemüht, sich zu beruhigen.

Während meine Mutter seufzend und kopfschüttelnd die Schweinerei beseitigte, stand ich geknickt und mit gesenktem Kopf im Türrahmen.

Irgendwie brachten wir die nächsten Stunden hinter uns. Nachdem die beiden davongefahren waren, warf ich mich heulend auf mein Bett. Ich war tatsächlich zu nichts zu gebrauchen.

Ich hatte einen Traum

Solange ich denken kann, habe ich geträumt, einen einzigen, immer wiederkehrenden Traum. Zwar veränderte er sich im Laufe der Jahre, passte sich meinem Alter und meiner Entwicklung an, im Wesentlichen aber war er stets der gleiche. Es war der Traum von Wärme und Geborgenheit, der Traum von einer liebevollen Familie.

Nach den Erfahrungen, die ich während meiner Kindheit machte, wäre es normal gewesen, wenn ich mich schon früh gegen jede Form von Familie entschieden hätte. Doch so war es nicht.

Egal, was passierte und wie verletzt ich war, ich war zu jeder Zeit felsenfest davon überzeugt, dass ich eine gute Familie haben würde. Ich musste mir nur ganz viel Mühe geben.

Dabei kam es mir niemals so sehr auf die Äußerlichkeiten an, die waren veränderbar. Alles, was ich wollte, waren die damit verbundenen Gefühle von Liebe, Wärme, Geborgenheit und Respekt vor dem anderen.

Im Alter von vier Jahren bestand meine Traumfamilie aus nur zwei Personen, meinem großen Bruder und mir. Jeden Tag vor dem Einschlafen und beim Aufwachen dachte ich an ihn. Wenn es bei uns zu Hause hoch herging und ich hinter oder unter den Betten lag, träumte ich von meinem großen Bruder.

Alles machten wir gemeinsam: Wir liefen über Wiesen und Felder und durch den Wald. Wenn mein Vater die Treppe hochpolterte, nahm er mich an die Hand, zog mich in mein Versteck und erzählte mir etwas Schönes. Hatte meine Mutter mich wieder einmal weggeschickt, nahm er mich in den Arm und tröstete mich. War ich allein, spielte er mit mir. Er war so stark und gleichzeitig weich und sehr, sehr klug.

„Ich bin immer für dich da", sagte er jeden Tag zu mir.

Mein Traumbruder gab mir alles, was ich brauchte: Wärme, Sicherheit und Schutz. Er hielt mich innerlich lebendig.

Nach und nach, unmerklich fast, veränderte sich mein Traum. Irgendwann hatte ich mehrere Kinder um mich, Jungen und Mädchen. Wir lachten und spielten miteinander, hatten so viel Spaß. Ich weiß nicht, wer ich war. Eines von ihnen? Die Mutter?

Wir waren immer zusammen, halfen einander und sprachen uns Mut zu. Alles war so einfach und lustig. Ich konnte durchatmen. Tag für Tag träumte ich von ihnen. Diese Kinder halfen mir, das Lachen zu bewahren.

Während der ersten Jahre in der Schule wurde aus dieser Gruppe eine Familie. Ich war die Mutter und hatte fünf Kinder. Wir waren eine aufeinander eingeschworene Gruppe, hielten zusammen wie Pech und Schwefel.

Ich tat alles für meine Kinder, hatte stets Zeit für sie, hörte ihnen zu und spielte mit ihnen. Jedes von ihnen hatte einen Namen und war in seinem Wesen etwas ganz Besonderes. Jede Einzelheit sah ich vor mir, hörte jede Stimme.

Zum ersten Mal war mir bewusst, dass es ein Traum war. Ich konnte zwischen Realität und Wunschbild unterscheiden. Und ich begann, diese Möglichkeit gezielt zu nutzen.

Wann immer mir der Alltag schwer wurde, ich enttäuscht oder gar verzweifelt war, floh ich in meine Traumfamilie. Sie tröstete mich. Sie wurde meine Zukunftsvision. Ich war mir ganz sicher, dass ich eines Tages so eine Familie haben würde, eine Familie, in der jeder jeden von ganzem Herzen liebte und achtete.

Mit den Jahren wurden es immer mehr, und wir wohnten in einem großen alten Haus. Zehn Kinder waren es, vom Baby bis zur 14-jährigen jungen Dame. Die Großen sorgten für die Kleinen, die Starken für die Schwachen. Und ich war die

Mutter, hegte und pflegte sie alle und liebte sie von ganzem Herzen.

Jedes Mal, wenn ich in meinem Traum versank, erschienen neue Einzelheiten vor meinem inneren Auge. Jedes Kind war einzigartig in seinem Aussehen, in seinem Charakter und Verhalten. Aber wie immer der Einzelne war, und da gab es nicht nur gute Seiten, er wurde respektiert und in seinem So-Sein bestärkt und gefördert.

An manchen Tagen verbrachte ich mehr Zeit in meiner Traumwelt als in der Realität. Aber das Wissen, dass ich irgendwann einmal eine solche Familie haben würde, half mir, zu überleben.

Eines Tages begriff ich, dass eine Familie ohne Vater nicht möglich ist. Zumindest ein Erzeuger musste her. Und so erschuf ich in meiner Phantasie den idealen Vater für meine Kinder.

Nur selten war er zu Hause, verbrachte wenig Zeit mit uns. Aber wenn, dann war er perfekt. Ruhig und gelassen hatte er für alles ein offenes Ohr. Er sprach zärtlich und sanft mit den Kleinen, ernst, aber respektvoll mit den Großen. Wir alle fühlten uns unendlich geborgen in seiner Nähe. Es gab kein Problem, das er nicht lösen konnte.

Zur gleichen Zeit schrumpfte meine Familie auf Normgröße, Vater, Mutter und drei Kinder. Obwohl … vier oder fünf wären auch sehr schön.

Mein Traum von der idealen Familie hat mich bis weit in mein Erwachsenenleben begleitet. Das war alles, was ich im Leben wollte, einmal eine richtige Familie haben. Das war alles, was ich brauchte und wonach ich strebte. Ich kannte kein anderes Ziel.

Zeitweise wurde dieser Traum zur Obsession. Ich war geradezu besessen davon. Ohne nach links und rechts zu schauen, donnerte ich durch die Zeit. Getrieben von der

Vorstellung, diese Familie haben zu müssen, ohne sie nicht weiterleben zu können.

Wenn Kinder Kinder bekommen

Ich war 19 und unglaublich naiv. In den folgenden Wochen blieb Georg immer häufiger über Nacht in meinem Apartment. Und es dauerte nicht lange, bis er ganz bei mir einzog.

Ich war ein Kind, das versuchte, sich in der Erwachsenenwelt zurechtzufinden. Und leider ging es dem lieben Georg, der nur knapp drei Jahre älter war als ich, nicht anders. Allerdings hatte er einen Vorteil, und das waren seine Eltern. Traten Probleme auf, flüchtete er dorthin und ließ sich helfen. Ich hatte niemanden, den ich fragen konnte. Aber das wollte ich auch gar nicht. Schließlich war ich erwachsen. Dachte ich.

Wir waren 19 und 22 Jahre alt, als wir feststellten, dass ich schwanger war. Das Modell „alleinerziehende Mutter" war damals noch nicht sehr verbreitet, sodass eine Heirat für alle selbstverständlich war.

Meine Eltern nahmen dies kommentarlos hin und richteten die Hochzeit aus. Georgs Eltern waren begeistert und managten unser künftiges Leben. Mein Mann war mit allem einverstanden, und mich fragte niemand.

Natürlich hatte ich eine genaue Vorstellung von unserer Zukunft als Familie, machte Pläne für ein Leben zu dritt. Doch leider stimmten meine Überlegungen nicht mit Georgs überein.

Bei unseren Diskussionen darüber kam es immer häufiger vor, dass er mitten im Satz aufstand und die Wohnung verließ. Nach kurzer Zeit kam er dann mit seinen Eltern im Schlepptau zurück, und ich wurde in die Schranken gewiesen.

Meine Schwiegermutter war sehr dominant. Dass es außer ihrer noch eine andere Meinung gab, war in ihrer Welt nicht vorgesehen. Sie war Mutter mit Leib und Seele, und Georg war ihr Augenstern, das jüngste ihrer drei Kinder. Als Zwillingskind war er immer besonders klein, schwach und auf ihre besondere Aufmerksamkeit angewiesen. Bisher hatte sie ihm stets alle Wege geebnet und für seine Zufriedenheit gesorgt.

Und so wurden nun auch alle Probleme in unserer Ehe von Georgs Mutter gelöst, natürlich in ihrem Sinne.

Eine Wohnung? Wir hatten in die oberste Etage im Haus der Tante zu ziehen. Ich wollte lieber von der Familie unabhängig sein, doch der Mietvertrag war schon unterschrieben.

Das Geld reicht nicht? Ich hatte Vollzeit zu arbeiten. Georg war es nicht zuzumuten, finanziell allein für eine Familie zu sorgen, nicht einmal für ein oder zwei Jahre. Meine Meinung dazu zählte nicht.

Das Baby musste versorgt werden? Selbstverständlich stand Schwiegermutter bereit. Ich wollte mein Kind selbst behüten und umsorgen. Doch ich schaffte es nicht, mich durchzusetzen.

Ich war 19 Jahre alt, allein in einer fremden Umgebung und bekam ein Kind. Jetzt fühlte ich mich in der großen Erzählrunde im Wohnzimmer meiner Schwiegereltern gar nicht mehr wohl und gut aufgehoben. Für sie war alles ganz klar und einfach, alles stand schon fest. Und Probleme? Wo denn? Alle Bedenken und Fragen wischte Schwiegermutter lachend zur Seite.

Aber ich hatte Angst. Was würden Schwangerschaft und Geburt mit mir machen? Wie war das, ein Baby zu haben? Würde ich das schaffen? Ich war kaum in der Lage, für meine eigenen Bedürfnisse zu sorgen, und jetzt sollte ich auch noch die Verantwortung für ein neues Leben übernehmen. Dieses Baby wäre völlig hilflos und total von mir abhängig.

Also las ich alles, was ich über Schwangerschaft, Geburt und die Pflege eines Babys in die Finger bekam. Die Bücher und Zeitschriften stapelten sich neben meinem Bett. Alles, was ich daraus erfuhr, war so spannend und für mich wichtig. Für die Familie war das nur neumodischer Kram und wurde belächelt.

Noch während der Schwangerschaft zogen wir in die oberste Etage im Haus von Georgs Tante. Ich hatte immer in bescheidenen Verhältnissen gelebt und war gewiss nicht verwöhnt. Aber diese Wohnung war der Horror.

In der dritten Etage hatten wir zwei Zimmer, Küche und Bad. Keines der Zimmer war größer als 15 qm und hatte schräge Wände und winzige Fenster. Alles war eng und düster.

Wenn ich meine Tochter baden wollte, musste ich dies im Wohnzimmer tun. Das Bad war so klein, dass mit Mühe und Not gerade einmal eine Person hineinpasste. Duschen nach 22.00 Uhr war verboten.

Eine Heizung hatten wir nicht. Der einzige Kohleofen stand im Wohnzimmer. Im Winter mussten täglich Kohlen vom Keller bis in die dritte Etage heraufgeschleppt werden.

Nach meinem kleinen Apartment war dies ein Rückschritt für mich. Georg und seinen Eltern gefiel es.

Doch als später der Kinderwagen untergebracht werden musste, wurde es schwierig. Die Wohnung war zu klein. Im Treppenhaus konnte er aber auch nicht stehen. Jedes Mal, wenn ich nach Hause kam, nahm ich mein Baby aus dem Wagen und trug es die drei Etagen nach oben. Dann ging ich wieder runter und schaffte den Kinderwagen in den Keller, meist allein. Ließ ich mir dabei etwas Zeit, erschien sofort die Tante und rief nach mir.

Zum Glück sahen Georg und seine Eltern bald ein, dass wir umziehen mussten. Wir fanden eine neue Wohnung, natürlich ebenfalls in der Nähe. Jetzt hatten wir drei Zimmer, Küche, Bad und insgesamt 60 qm in der ersten Etage. Soweit war alles okay, nur Kohlenschleppen musste ich nach wie vor.

Am 12. August wurde unsere Tochter Michaela geboren. Sie war wunderschön. Ich konnte sie gar nicht genug bestaunen, diese dunklen Augen, der weiche Flaum auf ihrem Köpfchen. Sie war so klein und zart, wirkte so hilflos.

Wenn sich ihre winzigen Fingerchen um meinen Zeigefinger krallten, hätte ich ewig vor ihr sitzen bleiben mögen und sie einfach nur anschauen. Aber bereits acht Wochen nach ihrer Geburt ging der Mutterschutz zu Ende, und ich musste wieder zur Arbeit.

Mir blutete das Herz, aber ich tat, was von mir verlangt wurde. Früh morgens versorgte ich mein Kind und brachte es anschließend zu meinen Schwiegereltern. Der Kinderwagen wurde drei Stockwerke hochgetragen und stand dann den ganzen Tag in dem überfüllten Esszimmer.

Später, im Dienst, konnte ich mich häufig nicht auf meine Arbeit konzentrieren. Immer wieder fragte ich mich:

„Geht es ihr auch gut? Weint sie? Lacht sie?" Mein Baby war so weit weg, und ich konnte nichts tun.

Wenn ich zu Hause war, bestimmten mein Mann und meine Schwiegereltern über meinen Alltag. Immer wieder versuchte ich, Georg davon zu überzeugen, meine Arbeit wenigstens für ein Jahr ruhen zu lassen, um mich selbst um unsere Tochter zu kümmern. Ich konnte und wollte einfach nicht verstehen, dass ein Postbeamter nicht genügend Geld verdiente, um zumindest für eine Weile finanziell für seine Familie allein zu sorgen.

Natürlich überlegte ich, mich für ein Jahr beurlauben zu lassen, ohne sein Einverständnis. Ich sagte ihm das auch, und sofort konterte er:

„Dann kriegst du von mir keinen Pfennig. Und die Kleine kommt zu meiner Mutter, du kannst ja sowieso nicht für sie sorgen."

Sie waren eine Familie, die zusammenhielt. Ich war allein und hatte Angst, sie würden mir mein Kind wegnehmen.

Und so ging ich arbeiten, um das Geld zu verdienen, das Georg ausgab. Meist für Dinge, die kein Mensch brauchte und die ich durch Zufall irgendwo versteckt in unserer Wohnung fand. Stellte ich ihn zur Rede, gab es Streit. Und schließlich, manchmal mitten im Satz, verschwand er, um seine Eltern zu holen.

Während die beiden Männer sich im Hintergrund hielten, stand Schwiegermutter vor mir, die Hände in die Hüften gestützt, und brachte mich auf Spur.

„Tu einfach nur, was Georg sagt, der weiß, was gut für Euch ist."

Mein Dienst war täglich von 7.00 bis 16.00 Uhr. Die übrige Zeit reichte kaum für das Nötigste. Mit meinen gerade einmal 20 Jahren war ich völlig überfordert, Vollzeitarbeit, Kind und Haushalt, so viel Verantwortung. Zeitweise fühlte ich mich wie eine alte Frau, immerzu müde und kraftlos. Ich hätte Hilfe gebraucht, aber da war niemand, dem ich mich anvertrauen konnte.

Ich war so mit meinen Verpflichtungen ausgefüllt, dass mir keine Zeit und Ruhe blieb, um Kontakte zu knüpfen. Wie fremdgesteuert fühlte ich mich, in einem Leben, das nicht meins war. Aber ich funktionierte.

Im Dienst bekam ich einen neuen Kollegen, 13 Jahre älter als ich. Er gab sich welterfahren und war sehr um mich bemüht. Unsere Pausen verbrachten wir gemeinsam. Nach und nach fasste ich Vertrauen und erzählte ihm von meinem Dilemma zu Hause. Er war äußerst verständnisvoll.

Mein Selbstbewusstsein wuchs. Plötzlich fühlte ich mich stark und begann, in meinem Leben aufzuräumen.

Ich wollte nicht, dass Michaela weiter unter dem Einfluss meiner Schwiegereltern aufwuchs. Diese schrecklichen Wohnverhältnisse, das schlampige Auftreten der beiden, ihre Engstirnigkeit, all das war mir für meine wundervolle Tochter nicht mehr gut genug. Meiner Meinung nach schadeten sie meiner Tochter mehr, als dass sie ihr nutzten.

Das Schlimmste aber war, dass sie mich nach und nach aus dem Leben meines eigenen Kindes ausgeschlossen hatten.

Egal, was ich sagte und für meine Tochter wünschte, es wurde ignoriert. Meine Schwiegereltern wussten es besser. Alles, was ich durch Erziehungsratgeber und Elternzeitschriften wusste, wurde als Humbug abgetan. Selbst zu den regelmäßig stattfindenden Mütterberatungen ging meine Schwiegermutter.

Sie machte alles, wie es ihr passte. Oftmals kam ich vom Dienst und konnte meine Tochter nicht abholen, weil Schwiegermama mit ihr unterwegs war. Wo sie war und wann sie zurückkäme, wusste niemand.

Ich empfand keine Nähe zu meinem eigenen Kind, und das fühlte sich furchtbar an.

Ich wollte das Beste für meine Kleine und für mich. Hinter dem Rücken von Georg und seinen Eltern besorgte ich über das Jugendamt eine Pflegestelle für Michaela. Wenn ich ins Büro ging, brachte ich sie dorthin.

Bei Oma Lotysch lebten eine Adoptivtochter und sieben weitere Pflegekinder, manche die ganze Woche über, andere nur stundenweise. Hier war immer Leben und Lachen in der Wohnung. Alles drehte sich um die Kinder, und es machte Spaß, ihnen zuzusehen. Michaela, die mittlerweile acht Monate alt war, gefiel es dort. Sie freute sich, wenn sie Oma Lotysch und die anderen Kinder sah, und ich war zufrieden.

Jede Veränderung, die ich in meinem Leben in Angriff nahm, besprach ich mit Uwe. Er bestärkte mich in allem und sprach mir Mut zu, damit ich weitermachte. Als Nächstes fasste ich die Trennung von Georg ins Auge.

Dabei glaubte ich mich auf einem guten Weg. Schließlich hatte ich jetzt einen kompetenten Berater, einen Mann, dem Familie über alles ging. So sagte er zumindest. Dass dieser Mann gerade im Begriff war, seine eigene Familie wegen eines kleinen Abenteuers zu hintergehen, kam mir dabei gar nicht in den Sinn.

Als Georg und seinen Eltern klar wurde, was ich vorhatte, versuchten sie zu dritt, mich auf gewohnte Weise zur Räson zu bringen. Aber jetzt fügte ich mich nicht mehr. Ich wollte die

Scheidung und beauftragte einen Rechtsanwalt. Georg war scheinbar damit einverstanden.

Alles ging seinen gewohnten Gang. Oftmals holte mich mein schlechtes Gewissen ein. Ich war dabei, meiner Tochter, die mittlerweile eineinhalb Jahre alt war, das Zuhause und vor allem ihren Vater zu nehmen. Das bedrückte mich, ich zweifelte, quälte mich mit Selbstvorwürfen, wusste nicht, was richtig war. Niemand war da, mit dem ich reden konnte. Ich hatte keine Freunde. Und so blieb nur Uwe, und der riet zum Durchhalten.

Eines Tages wirkte Georg sehr bedrückt. Als ich nachfragte, druckste er herum, es sei nichts, er wolle mich nicht belasten, ich solle ihn einfach in Ruhe lassen. Natürlich ließ ich nicht locker, und das Spielchen ging eine Weile hin und her.

Schließlich erklärte er sich einverstanden, mir alles zu erzählen. Mit Entsetzen hörte ich, dass Georg beim Arzt gewesen und eine erschreckende Diagnose bekommen hatte. Völlig niedergeschlagen erzählte er, dass bei ihm ein schwerer Herzfehler festgestellt worden sei, lebensbedrohlich.

„Eine OP ist möglich, aber dabei geht es um Leben und Tod, und dazu gebe ich meine Einwilligung nicht", sagte er weiter.

So gut ich konnte, tröstete ich ihn und versprach, was immer auch passiere, ich würde zu ihm halten. Schweren Herzens ging ich zu meinem Rechtsanwalt und zog die Scheidung zurück.

Alles ging weiter wie bisher: Kind in die Pflegestelle bringen, arbeiten, Kind aus der Pflegestelle holen, einkaufen, mit Michaela spielen, sie bettfertig machen und schlafen legen. Danach erledigte ich die Hausarbeit und fiel schließlich erschöpft selbst ins Bett.

Ich war jetzt 22 Jahre alt und fragte mich manchmal, was andere Frauen in diesem Alter so machen. Ich wusste es nicht, mein Vergnügen bestand aus Arbeit und Träumen von einer heilen Familie.

Wenn mein Mann eher Feierabend hatte als ich, holte er Michaela von ihrer Pflegemutter ab und war dann schon zu Hause, wenn ich vom Dienst kam.

Und so kam ich eines Tages zur Wohnungstür herein und fand Georg im Kinderzimmer auf der Couch liegend. Wie so oft in den letzten Wochen war er wieder einmal leidend. Sein Herz machte ihm zu schaffen. Einen Eisbeutel auf dem Kopf, die Augen leicht verdreht, die Hände schlaff herunterhängend bot er ein Bild des Jammers. Mit schwacher Stimme sprach er mit Michaela. Die Kleine flatterte um ihren Papi herum, brachte ihm zur Aufmunterung ihre Spielzeugtiere und streichelte ihn fürsorglich. Mir gegenüber brachte er nur ein mattes „Hallo" zustande. Eine Weile stand ich in der Tür und beobachtete die beiden.

Ohne genau zu wissen, warum, wirkte das Ganze irgendwie grotesk, lächerlich und geradezu abstoßend. Kurz entschlossen lief ich auf die Straße, zur Telefonzelle auf der gegenüberliegenden Seite.

Ich suchte die Nummer seines Hausarztes aus dem Buch und rief ihn an. Der Arzt war ein sehr freundlicher älterer Herr, der mir zunächst erklärte, er dürfe mir telefonisch keine Auskünfte geben. Um meine Fassung war es geschehen, und weinend erzählte ich ihm von meiner Misere, wie verzweifelt ich war, seitdem ich wusste, wie schwer und lebensbedrohlich mein Mann erkrankt war. Ich hätte seinetwegen sogar die Scheidung zurückgezogen und wüsste jetzt weder ein noch aus, erzählte ich ihm.

An dieser Stelle ließ sich der Arzt nochmals Georgs Daten geben. Es dauerte eine Weile, ich schniefte leise vor mich hin, und dann sagte er:

„Sagen Sie Ihrem Mann einen schönen Gruß von mir, er soll mit dem Theater aufhören. Er war heute nach langer Zeit zum ersten Mal wieder bei mir, und außer einem etwas niedrigen Blutdruck ist er kerngesund."

Ich konnte es nicht fassen, der Kerl hatte mich hereingelegt, auf mein Mitleid spekuliert, und es hatte funktioniert. Wie eine Wilde rannte ich zurück, die Treppe hinauf, in die Wohnung. Georg lag nach wie vor leidend im Kinderzimmer. Ich nahm meine Süße auf den Arm, ging mit ihr in die Küche und gab ihr einen großen Jogurt. Sie liebte Jogurt und war ganz hingerissen.

Ich schloss die Tür hinter ihr und ging zu meinem leidenden Ehemann zurück. Ich packte ihn am Kragen und schlug ihm rechts und links ins Gesicht, immer wieder. Anschließend setzte ich ihn vor die Tür. Da er kaum größer als ich und völlig überrascht war, gelang dies spielend.

Am nächsten Tag ging ich zu meinem Rechtsanwalt und wir starteten erneut in Sachen Scheidung. Georg war wahrscheinlich sehr geschockt, dass seine Schmierenkomödie aufgeflogen war. Jedenfalls machte er keine Probleme mehr, und die Scheidung ging schnell über die Bühne. Nicht zuletzt deshalb, weil er die alleinige Schuld übernahm.

Mein Alltag ging weiter wie zuvor, nur mit dem Unterschied, dass ich jetzt einen Freund hatte, der mir das Blaue vom Himmel versprach. Ich glaubte tatsächlich, meinem Traum von der heilen Familie ein Stück näher gekommen zu sein. Hätte ich es bei allen Erfahrungen, die ich bisher gemacht hatte, nicht besser wissen müssen?

Georg nahm sich eine kleine Wohnung, hin und wieder besuchte er seine Tochter. Eine Entscheidung des Gerichtes über das Sorgerecht stand noch aus.

Es war an einem Samstag gegen Mittag, als ich mit Michaela im Kinderwagen von einem Spaziergang nach Hause kam. Kurz vor der Haustür tauchte Georg plötzlich vor mir auf und wollte mit seiner Tochter spielen. Ich aber wollte nur noch etwas essen und mich dann mit der Kleinen schlafen legen, ich war doch so müde. Und so bat ich ihn, später wiederzukommen. Er aber bestand auf einem sofortigen Besuchsrecht. Als ich ihm dann die Tür vor der Nase zuschlagen wollte, eskalierte die Situation.

Er verschaffte sich gewaltsam Zugang zur Wohnung. Es gab Streit, ein Handgemenge, doch ganz plötzlich drehte er sich um und verschwand. Aufgewühlt und immer noch zitternd begann ich, etwas zu essen vorzubereiten. Würde das denn niemals aufhören? Michaela spielte neben mir auf dem Fußboden mit Töpfen und Kochlöffeln.

Und dann, ohne jede Vorwarnung, standen Georg und sein Vater hinter mir. Als ich die beiden anschrie, sie sollten gefälligst meine Wohnung verlassen, brüllte Georg nur zurück:

„Ja, aber nur mit meiner Tochter, die bleibt jetzt bei mir!"
Sein Vater baute sich vor mir auf, hielt mich fest und drohte mir Prügel an. Gleichzeitig schnappte Georg sich einen Koffer, warf ein paar Sachen von Michaela und ihr Spielzeug hinein. Dann nahm er die Kleine auf den Arm, sein Vater griff sich den Koffer, und so schnell, wie die beiden aufgetaucht waren, verschwanden sie auch wieder. Im Hinausgehen rief Georg mir zu, er würde jetzt beim Vormundschaftsgericht das alleinige Sorgerecht für Michaela beantragen, und ich würde sie nie wiedersehen.

Fassungslos stand ich in der Küche. Sie hatten mir mein Kind weggenommen, einfach so. Und ich konnte nichts dagegen tun.

Ich war nicht fähig, einen klaren Gedanken zu fassen. Wie ein Automat ging ich zum Arzneischrank nahm Schlaftabletten, Beruhigungspillen und alles, was ich sonst noch finden konnte, löste sie in Wasser auf und trank. Anschließend nahm ich mein großes Küchenmesser und legte mich ins Bett. Zur Sicherheit wollte ich mir auch noch die Pulsadern aufschneiden.

Als ich da so lag und schläfrig wurde, hatte ich eine Vision. Ich sah meine Tochter als junge Frau, wunderschön mit langen blonden Haaren, in dieser fürchterlichen Wohnung, gemeinsam mit meinen schlampigen Schwiegereltern. Und sofort war mir klar, das durfte niemals passieren. Ich riss mich zusammen, mühte mich aus dem Bett, die Treppe hinunter zur Telefonzelle und rief um Hilfe.

Im Krankenhaus wurde mir der Magen ausgepumpt, und meine Eltern wurden benachrichtigt. Als ich ein paar Tage danach aus dem Krankenhaus entlassen wurde, brachte mein Vater meine Mutter, die dann eine Woche bei mir blieb. Danach war ich wieder ganz allein. Meine Tochter war bei Georg und seinen Eltern.

Wenn ich zu ihnen ging, um mein Kind zu sehen, ließen sie mich nicht herein. Ich lief zum Jugendamt und zum Gericht, bat um Hilfe. Auf ihre Frage, ob von dem Vater eine Gefahr für das Kind ausginge, antwortete ich wahrheitsgemäß mit nein.

„In dem Fall können wir nichts tun, unsere Behörde ist eh schon überlastet."

Was ich auch tat, niemand konnte mir helfen. Genau wie Georg beantragte ich schriftlich das alleinige Sorgerecht. Daraufhin teilte man mir mit, dass alle Fälle nach Eingangsdatum bearbeitet würden. Demnach könnte es einige Monate dauern.

Ich bekam Angst, dass sich meine Tochter in der langen Zeit von mir entfremdete, dass sie mich gar vergessen könnte. Mich quälte die Vorstellung, der Richter würde zu Georgs Gunsten entscheiden, weil der jetzt eine bessere Beziehung zu unserer Tochter hatte.

Verzweifelt ging ich jeden Tag ins Büro und tat so, als sei alles in Ordnung. Außer Uwe sollte niemand erfahren, was passiert war. Zu sehr schämte ich mich für alles.

Endlich wurde ein Termin beim Amtsgericht anberaumt. Zunächst versuchte Georg, das alleinige Sorgerecht durchzusetzen. Sein Hauptargument war mein Selbstmordversuch.

Glücklicherweise war der Richter sehr verständnisvoll. Nach einem ausführlichen Gespräch bekam ich das alleinige Sorgerecht und Georg ein großzügiges Umgangsrecht. Der Richter erklärte uns, dass er gar nicht anders entscheiden konnte, da Georg bei der Scheidung die Alleinschuld auf sich genommen hatte. All meine Angst war unbegründet gewesen. Das Ganze war begleitet von sehr eindringlichen Ermahnungen des Amtsrichters, und endlich gelang es uns, vernünftig mit der Situation umzugehen.

Später vernichtete ich alle Fotos und schwieg diese Zeit meines Lebens tot. Aus Scham- und Schuldgefühlen heraus steckte ich den Kopf in den Sand. Nicht darüber reden, nicht daran denken, dann ist auch nichts passiert. Alles verdrängen, so lautete meine Devise.

Wir alle waren damals überfordert, zu jung, zu dumm, für ein selbständiges Leben nicht gerüstet. Auch Georgs Eltern haben nie etwas Böses gewollt. Sie haben getan, was sie in der Situation für gut und richtig hielten.

Im Rückblick auf die damalige Zeit wird mir klar, wie falsch ich gehandelt habe. Mein absolutes Schweigen über all die Jahre hat mehr Schaden angerichtet als die Ereignisse selbst.

Gerade meiner Tochter, für die ich alles besonders gut und richtig machen wollte, habe ich Unrecht getan. Ich habe ihr einen Teil ihrer Identität genommen, die Verbindung zu ihren Wurzeln und die Erinnerung an ihren Vater und ihre Großeltern. Ich hoffe sehr, dass sie mir dies irgendwann einmal verzeihen wird.

Zwischenzeit

Doch anstatt nun zur Besinnung zu kommen und alles langsam angehen zu lassen, geriet ich noch mehr unter Druck. Ich musste diese Familie haben, von der ich träumte. Sie schien für mich das einzig lebenswerte Ziel zu sein. Ohne diese Familie und alles, was sie gefühlsmäßig für mich verkörperte, hatte mein Dasein keinen Sinn. Ich war wie besessen davon, eine Familie zu gründen und Kinder zu bekommen. Mir lief die Zeit davon, und ich jagte hinterher.

In der Zwischenzeit hatte sich mein neuer Freund ebenfalls von seiner Frau getrennt. Die beiden hatten ihre Kinder geteilt, eins blieb bei ihm, das andere kam zu ihr. Er drängte darauf, dass ich zu ihm ziehen solle. Es wäre so wunderbar, wir beide, sein Sohn, meine Tochter und vielleicht, vielleicht … Ich glaubte alles und sah mich schon inmitten meiner kleinen heilen Familie. Der Anfang wurde gemacht, ich gab meinen Beruf auf. Womit die ständige Überforderung durch Beruf und Familie geringer wurde.

Aber mal ehrlich, ich war zu dem Zeitpunkt Anfang 20, er 36 Jahre alt. Hätte nicht wenigstens dieser Mann etwas Verstand haben können?

Ich hatte solch eine Sehnsucht nach Wärme, Geborgenheit und Miteinander. Ich wollte eine Familie, er glaubte, seine lange Zeit zu kurz gekommene Erotik nachholen zu können. Doch niemand von uns bekam das, was er sich wünschte oder zu brauchen glaubte. Nichts funktionierte, und schneller, als wir uns gefunden hatten, waren wir auch schon wieder getrennt.

In den Jahren zwischen dem Verlassen meines Elternhauses mit 19 und meinem 23. Geburtstag passierte so viel, dass mir schwindelig wird, wenn ich daran zurückdenke. Mit rasanter Geschwindigkeit rauschte ich durch die Zeit und überholte mich dabei selbst. In nur vier Jahren hatte ich zwei Ehen und zwei Scheidungen hinter mir, hatte ein Kind bekommen, es verloren und wiederbekommen, einen Selbstmordversuch unternommen und fünfmal die Wohnung gewechselt.

Auch wenn man aufhört, ein Kind zu sein, ist man noch lange nicht erwachsen. Ich jedenfalls blieb für viele, viele Jahre in dem Zustand dazwischen stecken.

Allein die Vision von einer Familie, in der es sich zu leben lohnte, hielt mich aufrecht und ließ mich weitermachen. Ich war so sicher, dass ich sie eines Tages haben würde.

Die Liebe meines Lebens

Wir begegneten uns auf einem Stadtfest. Später behauptete er, es sei Liebe auf den ersten Blick gewesen. Ich glaube ja nicht an so etwas, widersprach aber auch nicht. Rainers Nähe war mir angenehm.

Ich weiß nicht, warum, aber er war der erste Mensch, dem ich mehr von mir erzählte, von meinen Wünschen und Träumen. Ich erzählte ihm von meinen Werten, wie sehr ich Oberflächlichkeit verabscheute und dass mir Konsum nichts bedeutete. Eine große Familie wollte ich haben, mit vielen Kindern und Haustieren. Alternativ wollte ich leben, anders sein als die Masse. Ich wollte nicht stets nach der neuesten Mode gekleidet sein, Urlaubsreisen, eine Wohnungseinrichtung nach dem letzten Schrei und die neuesten Autos haben. Das alles wollte ich nicht. Nur ich selbst wollte ich sein, geborgen in einer Familie und ausprobieren, wie sich das Leben anfühlt. Seite an Seite mit ihm, gemeinsam.

Rainer war ein wunderbarer Zuhörer. Er hielt mich im Arm, während ich erzählte, sah mir immer wieder tief in die Augen, strahlte mich an. Er sagte selten etwas, hörte nur zu. Und ich war mir sicher, er wollte das Gleiche wie ich. Ich hatte mein Pendant gefunden, den einen Menschen, der auf der gleichen Wellenlänge durchs Leben ging wie ich.

Einmal erzählte ich ihm, dass ich schon als Kind den großen Wunsch nach einem Hund hatte, aber nie einen haben durfte. Kurze Zeit später stand er vor mir und hielt ein kleines Fellbündel in seiner Hand. Er streckte es mir entgegen und sagte:

„Andere wollten nicht, dass du einen Hund bekommst, aber ich schenke dir einen."

In diesem Moment wusste ich es. Egal, was passiert, was immer er tat oder unterließ, diesen Mann würde ich immer lieben, würde ich nie verlassen.

Wir zogen zusammen, und ich holte Michaela, die während der letzten wilden Monate meines Lebens bei meinen Eltern gelebt hatte, wieder zu mir. Im Januar 1977 heirateten wir. Ich war 24 Jahre alt.

Doch nur zu bald holte uns der Alltag ein. Essen, Miete, Kleidung, Auto, alles wollte bezahlt werden, und wir hatten nur ein Gehalt. Es reichte, denn ich brauchte nicht viel. Ich war zufrieden mit Kleidung aus dem Secondhandshop und stellte keine weiteren Ansprüche, Michaela war noch klein. Urlaub war nicht nötig, schließlich hatten wir einen Garten und für lange Spaziergänge unsere Baffi. Und als wir uns dann für ein weiteres Kind entschieden, war mein Leben perfekt.

Als der Arzt mir mitteilte, dass ich ein Kind erwarte, war ich völlig aus dem Häuschen. Ich verließ die Praxis und konnte gar nicht nach Hause gehen, so aufgewühlt war ich. Stundenlang spazierte ich durch die Stadt und freute mich an dem Wissen um das kleine Wesen in meinem Bauch. Ich sah uns vier, eng aneinander gekuschelt auf der Couch sitzen oder wie die beiden Schwestern miteinander spielen. Jede erdenkliche Lebenslage zog an meinem geistigen Auge vorbei. Von diesem Moment an würde nichts mehr so sein wie bisher.

Im Juni 1978 bekamen wir eine wunderschöne Tochter, die auf eine fröhliche Weise unser Leben auf den Kopf stellte.

Kristina war ein sehr lebendiges, neugieriges Kind, lachte viel und wollte überall dort sein, wo etwas los war. Und so bewegte sie sich schon mit fünf Monaten auf dem Fußboden rollend durch die Wohnung. Es war spannend, zu beobachten, wie sie energisch ihr Recht auf Beachtung einforderte. Und zuzusehen, wie flink sie dabei war, erfreute mein Herz. Kaum hatte sie sich morgens den Schlaf aus den Augen gerieben, plapperte sie auch schon los.

Ich liebte meine Töchter, meinen Mann und mein Leben. Und merkte zunächst gar nicht, wie Rainer sich nach und nach veränderte. Er zog sich immer mehr zurück, hörte kaum noch zu, wenn ich etwas sagte. Miteinander zu reden, wurde zur Seltenheit.

Es irritierte mich, dass er keine Freude zeigte, nicht an meiner Begeisterung teilnahm. Immer mehr flüchtete mein Mann in seine Arbeit, ständig hatte er in Haus und Garten etwas zu tun. Wohin war dieser einfühlsame, verständnisvolle Mann verschwunden, mit dem ich stundenlange Gespräche geführt hatte?

Ende der 70er gab es kaum Patchworkfamilien, auch alleinerziehende Elternteile waren eine Seltenheit. Man war verheiratet und eine richtige Familie. Punkt. Und so verschleierten wir unsere Vergangenheit, erfanden eine glaubwürdige und akzeptable Geschichte, die uns in Teilen bis heute begleitet. Ich schämte mich dafür, dass ich nicht so war wie alle anderen, und Rainer war meine Vergangenheit manchmal sogar peinlich.

Auf mein Betreiben stellte Rainer einen Adoptionsantrag für Michaela. Georg war ohne weitere Diskussionen einverstanden und verzichtete auf alle Rechte als Vater. Somit wurde dem Antrag sehr schnell entsprochen. An dem Tag, als der schriftliche Bescheid kam, kaufte ich eine Flasche Sekt. Voller Freude wartete ich auf meinen Mann. Ich wollte feiern, endlich eine richtige Familie, wir alle trugen jetzt denselben Namen. Für mich ein so wertvoller Meilenstein. Doch die Ernüchterung folgte.

„Schön, dann ist ja jetzt alles in Ordnung", war sein Kommentar.

Natürlich freute er sich, aber die Flasche Sekt war in seinen Augen nicht nötig. So viel Geld! Und so wurde dieser ganz besondere Tag letztlich ein ganz normaler, alltäglicher.

Immer öfter sprach Rainer von seiner Kindheit und wie schwer es damals für ihn war. Sein Vater war früh an Krebs gestorben, als Rainer gerade einmal 13 Jahre alt war. Die Rente seiner Mutter war sehr gering. Sie ging putzen und arbeitete auf dem Wochenmarkt. Trotzdem reichte es vorn und hinten nicht, Rainer musste helfen. Er schleppte Kisten mit Obst und Gemüse und baute den Marktstand auf. Nach der Schule ging er wieder zum Markt und half beim Abbauen. Als Kind und später als Jugendlicher hat er sehr unter der Bedürftigkeit seiner Mutter gelitten. Alles hatte sich um das fehlende Geld gedreht.

Rainers Eltern hatten ihn geliebt, umsorgt und sehr behütet. Vor allem, weil er ein Einzelkind war und seine Eltern bereits mehr als 20 Jahre verheiratet waren, als er geboren wurde. Doch das fehlende Geld war ein großes Problem. Schon im Alter von 14 Jahren quälten ihn Existenzsorgen.

Meine Kindheit dagegen war so ganz anders. Auch wenn mir viele materielle Dinge versagt wurden, litt ich vor allem unter der fehlenden Wärme, Liebe und Geborgenheit.

Jeder von uns versuchte nun, seinen frühen Mangel wettzumachen. Rainer, indem er Tag und Nacht nur noch über Geld nachdachte und sparsam wurde bis zum Geiz. Bald konnte ich sein ständiges Gerede über Sparmaßnahmen oder Möglichkeiten, an mehr Geld zu kommen, nicht mehr hören.

Stattdessen versuchte ich, Gemeinsamkeiten und Familiensinn zu fördern. Ich wollte, dass wir miteinander ins Freibad gingen oder andere Dinge unternahmen, schlug Spieleabende vor. Alles scheiterte an einem „zu teuer" oder „keine Lust". Der Alltag wurde schwer, statt Gemeinsamkeit und Freude regierte die Pflicht. Ich war so müde.

Dazu kam, dass wir in einer Gesellschaft lebten, die durch Äußerlichkeiten und Statussymbole geprägt ist. Immer nach dem Motto „Hast du was, dann bist du was." Rainer war das sehr wichtig, mir dagegen gar nicht.

Im Gegenteil, ständiger Konsum schien mir sinnlos. Neue Möbel, neue Kleider, Autos – was nützte es, all diese Dinge anzuhäufen, wenn doch die Seele so bedürftig war? Und warum sollte ich Dingen nachtrauern, die wir uns nicht leisten konnten?

Ich glaubte, es sei gut für uns und den häuslichen Frieden, wenn ich wieder arbeitete. Doch dem war nicht so. Während ich im Dienst war, wurden meine Kinder von fremden Menschen betreut, und ich litt darunter, vermisste sie. Sie waren doch noch so klein!

Und kaum verfügten wir über mehr Geld, hatten wir die Idee, ein Haus zu bauen. Was zu der Zeit keine gute Idee war, denn die Zinsen waren hoch und unser Eigenkapital gering.

Und als wir endlich einzogen, wurden die Unterschiede zwischen uns immer deutlicher. Zugegeben, es war nur ein 100 qm großes Durchschnittshaus, für viele nichts Besonderes. Aber ich fand es großartig, war so dankbar dafür. So komfortabel hatte ich noch nie gelebt. Jedes Kind hatte ein eigenes Zimmer, wir hatten ein großes Wohnzimmer, und es gab einen wunderschönen Garten. Es gehörte uns, wir konnten es ganz in unserem Sinne gestalten.

Rainer dagegen war unzufrieden. Alle Kollegen hatten bessere Häuser, gönnten sich Urlaube und bessere Autos. Nichts war ihm gut genug. Fast wöchentlich wurde etwas am Haus geändert oder die Möbel umgestellt.

So begann in unserer Ehe das Tauziehen um Wert und Wertigkeiten. Und unsere Herzen verhärteten sich.

Ich verstand die Welt nicht mehr. Hatten wir nicht über all diese Dinge vor unserer Hochzeit ausführlich gesprochen? Wir waren uns doch einig, dass wir ein einfaches, beschauliches Leben führen wollten. Unsere Familie sollte ein Zufluchtsort sein, der Wärme und Geborgenheit bietet. Wozu dieses ständige Mehr an Äußerlichkeiten?

Es dauerte viele Jahre, bis ich verstand. In all den Wochen und Monaten unserer ersten gemeinsamen Zeit hatte nur eine geredet. Und das war ich gewesen. Die Liebe meines Lebens hatte liebevoll lächelnd zugehört und nichts gesagt. Ich war sehr erschrocken, als ich begriff, dass sein Schweigen nicht Zustimmung, sondern einfach nur „Maulfaulheit" gewesen war. Wir waren gar nicht auf einer Wellenlänge. Ganz im Gegenteil, wir waren zwei Menschen, wie sie verschiedener nicht sein konnten.

Wie dumm von mir, wie konnte ich mich nur so irren? Warum nur hatte er nie etwas gesagt?

Meinem Mann ging es nicht gut, mir ging es nicht gut. Das Schlimmste aber war, zu sehen, wie bedrückt und lustlos meine Kinder waren und dass ich ihnen nicht helfen konnte. Was immer ich auch sagte oder tat, es wurde nicht besser. Ganz im Gegenteil. Je mehr ich mich um Frieden und Harmonie bemühte, desto mehr entschwanden sie.

Und so wuchsen unsere Töchter in einem immerwährenden Spannungsfeld auf, in einer Atmosphäre, in der sich niemand so richtig wohl und geborgen fühlte. Die wenigen schönen Augenblicke waren jedes Mal viel zu schnell vorüber.

Unsere Kinder hatten viel auszuhalten und verließen früh das Elternhaus. Danach beschränkte sich ihr Kontakt zu uns auf ein Minimum, und auch unsere Enkelkinder sahen wir nur selten. Stets fühlte ich mich schuldig. Mir war es nicht gelungen, eine gute Familie, ein wärmendes Nest zu bauen.

Zwar hatte ich eine Familie, aber es fühlte sich nicht so an. Ich war einfach nicht familientauglich.

Der 32. Geburtstag

Dieser Geburtstag wurde für mich zu einem Wendepunkt. Es war die traurigste Feier, an die ich mich erinnern kann. Wir hatten einige Freunde eingeladen und feierten draußen auf der Terrasse. Der Alkohol floss in Strömen, alle waren bester Stimmung. Es wurde gelacht und gescherzt, ein Witz jagte den nächsten.

Nur ich war bedrückt und hoffnungslos enttäuscht. Ich fühlte mich uralt. Alles, was ich kannte, war Arbeit und Pflichterfüllung, schwer, freudlos, und ständige Diskussionen ums Geld.

Um Mitternacht schnappte ich mir unsere Baffi und führte sie Gassi. Es war dunkel, und die Tränen liefen nur so. In dieser Nacht wurde mir klar: Ich hatte als Kind nie die Wärme und Geborgenheit einer Familie kennengelernt, ich hatte sie jetzt nicht und würde sie auch niemals haben. Ich würde nie wissen, wie es sich anfühlt, Teil einer liebevollen Familie zu sein.

„Familie ist das, was andere haben", sagte ich von diesem Tag an voller Bitterkeit, wenn ich eine glückliche Familie sah oder andere davon erzählten.

Als ich zurückkam, war die Party immer noch in vollem Gange. Niemand hatte mich vermisst. Ich ging ins Bett. Niemand bemerkte es. Ohne ein trauriges Geburtstagskind lässt es sich ohnehin viel besser feiern.

Von nun an verbot ich mir, von einer heilen Familie und einem alternativen Lebensstil zu träumen. Stattdessen machte ich mich auf die Suche. Irgendetwas musste es doch auch für mich geben, etwas, das diese unendliche Sehnsucht nach innerer Wärme, nach einem sinnvollen und erfüllten Leben stillte.

Ruhelos und getrieben machte ich mich auf und probierte die verschiedensten kreativen Tätigkeiten aus. In den nächsten Monaten und Jahren malte ich unzählige Bilder in Acryl, schuf

Skulpturen aus Speckstein und Holz, schrieb Gedichte und Märchen. Ein Hobby jagte das nächste. Es trieb mich immer weiter, aber nichts verschaffte mir auf Dauer den erhofften Frieden.

Gleichzeitig bemühte ich mich, Freude an den Annehmlichkeiten zu finden, die ich mir mit Geld kaufen konnte. Doch was immer ich mir leistete, es konnte mich nicht über meine innere Leere hinwegtäuschen.

Schließlich erinnerte ich mich daran, wie glücklich ich mich als Kind in der Schule gefühlt hatte. Mit welcher Begeisterung ich auf eine weiterführende Schulbildung gehofft hatte.

An unserer Volkshochschule wurde ein sogenannter Nichtabiturientenkurs angeboten. Ein Jahr lang wurde abends in allgemeinbildenden Fächern unterrichtet. Nach bestandener Prüfung bekamen die Teilnehmer die Zulassung zu einem Studium an einer Hochschule.

Begeistert erzählte ich meinem Mann davon. Dieses eine Jahr wollte ich anstatt vor dem Fernseher abends in der Volkshochschule verbringen. Meine Pflichten gegenüber meinen Töchtern, Mann und Haushalt sowie meinen Beruf würde das nicht beeinträchtigen. Und mit der Zulassung würde ich eventuell später studieren können.

Doch es waren die Männer in meinem Leben, die diesen Traum zu verhindern wussten, ausgerechnet die beiden, die mir so viel bedeuteten, für die ich alles tat. Der eine schaffte es mit schlagender Hand, der andere mit schlagenden Argumenten.

Als ich nach wochenlanger Diskussion vor die Wahl gestellt wurde, entweder Familie oder Nichtabiturientenkurs, entschied ich mich selbstverständlich für meine Familie.

Und so war er weiterhin in mir, dieser unstillbare Durst nach etwas, das meinem Leben einen Sinn gab, etwas, das mich erfüllte.

Erst als ich mich mit 41 Jahren entschloss, einen neuen Beruf zu erlernen, wurde es besser. Für drei Jahre drückte ich noch einmal die Schulbank und machte mein Examen als Altenpflegerin.

Ich habe diesen Beruf geliebt. Die Nähe zu den alten Menschen, für sie zu sorgen, sie zu pflegen und zu trösten war alles für mich. Fünfzehn Jahre hatte ich endlich das Gefühl, ein sinnvolles und erfüllendes Leben zu führen. Nach jedem freien Tag, nach jedem Urlaub konnte ich es kaum erwarten, meinen Dienst wieder aufzunehmen.

Dann musste ich plötzlich, von einem Tag auf den anderen, meinen Beruf wegen einer schweren Erkrankung aufgeben. Zwei Jahre brauchte es, um meine Gesundheit wiederherzustellen. Und danach blieb die Trauer um den Verlust meiner geliebten Arbeit.

Es war mein Mann, der mir half. Er hatte Kontakt zur Schulleiterin einer Grundschule. Dort wurden Mitarbeiterinnen für die Betreuung der Schüler am Nachmittag gesucht.

Schon bald bot ich einmal in der Woche eine Bücherei-AG für die Kleinen an; Vorlesen, Erzählen, Basteln, alles rund ums Buch. Ich liebte es, wenn sechs bis acht Kinder und ich um den großen Tisch in der Schulbücherei saßen. Gemeinsam ließen wir Pippi Langstrumpf, Pettersson und Findus, die Olchis und andere Helden aus den Kinderbüchern lebendig werden. Wir schrieben und gestalteten sogar zwei eigene Bücher.

Und die Kinder mochten mich. Schon wenn ich das Schulgelände betrat, liefen sie mir entgegen, freuten sich auf unsere Stunde und hatten unzählige Ideen.

Ich liebte diese Nachmittage und die Kinder. Zum allerersten Mal spürte ich dieses wundervolle Gefühl, das ich mit meiner Traumfamilie verband. Darauf hatte ich ein Leben lang gewartet, und jetzt war es endlich da. Niemand hätte glücklicher sein können als ich.

Die Schulleiterin und ich hatten gerade besprochen, dass ich mehr Aufgaben übernehmen sollte. Aufsicht während des

Mittagessens und Hausaufgabenbetreuung sollten dazukommen. Ein neuer Arbeitsvertrag war bereits aufgesetzt.

Da passierte es, ohne jede Vorwarnung fand ich mich mit einem zweiten Schlaganfall im Krankenhaus wieder. Die linke Körperhälfte gehorchte mir nicht mehr, und das Sprechen fiel mir schwer.

Noch konnte ich kaum begreifen, was passiert war, als mein Mann nur sechs Tage später an meinem Bett stand und mir ein Papier hinhielt.

„Du musst das unterschreiben, das ist der Auflösungsvertrag mit der Schule. Die müssen ja personell planen können."

Ohne ein Wort setzte ich meinen Namen darunter und warf die Kopie mit den Genesungswünschen der Schulleiterin in den Papierkorb.

Erika

Als ich 20 Jahre zählte und Michaela noch ein Baby war, hatte ich große Rosinen im Kopf. Ich glaubte fest an eine wundervolle Zukunft für meine Kleine und mich. Wir würden ein schönes Leben haben, aufregend, abwechslungsreich und anders als „normale" Menschen. Ich hatte Ziele und Wünsche, würde die Welt verändern. Auch wenn ich nicht genau wusste, wie, so würden wir die Welt ein kleines bisschen besser machen. Wir würden glücklich sein.

Zu der Zeit arbeitete ich bei der Oberpostdirektion in Bremen. Meine Kollegin Erika und ich waren in derselben Abteilung und unsere Büros grenzten aneinander. Noch heute kann ich sie deutlich vor mir sehen und vor allem sprechen hören.

Erika war damals Mitte 30 und ziemlich farblos. Ihre mausbraunen Haare waren zu kleinen Löckchen onduliert und ihr Gesicht stets ungeschminkt. Meist trug sie einen gerade geschnittenen, dunkelblauen Rock und dazu einen einfachen grauen oder braunen Pulli. Ihre ganze Erscheinung war unauffällig, zeitlos und trist.

Sie hätte genauso gut 50 oder 70 Jahre alt sein können. Nur ihre Gesichtshaut sprach dagegen. Und so wie ihre Erscheinung war auch ihre Sprache: leise, monoton, langweilig. Jeden Tag erzählte sie in epischer Breite, was sie am Tag zuvor erlebt hatte. Sie hatte gearbeitet, sie hatte geputzt, sie hatte ferngesehen, sie hatte gut geschlafen.

Ohne auf den Kalender zu sehen, wusste ich, welchen Tag wir hatten. Denn montags war ihr Schlafzimmer an der Reihe, jede Schublade wurde ausgewischt, jede Schranktür poliert, jedes Kleidungsstück in die Hand genommen, ausgebürstet und wieder an seinen Platz gelegt.

Dienstags war es das Wohnzimmer, jedes Glas, jede Tasse, jedes Deckchen …

Mittwochs die Küche … Donnerstags das Gästezimmer, das nie benutzt wurde … Und freitags das Bad.

Ich hätte schreien mögen vor Überdruss. Was für ein Leben, unerträglich. Ich wollte es nicht hören und hörte dennoch täglich zu.

Tag für Tag dasselbe. Und wenn sie dann endlich zum Ende ihrer Erzählung kam, sagte sie leise:

„Und wenn ich so über mein Leben nachdenke ... dann muss ich sagen, bin ich nicht ganz unzufrieden."

Wahnsinn, jeden Tag und immer wieder. Am schlimmsten fand ich die Worte „nicht ganz". Was für ein armseliges Leben. Meine Zukunft, da war ich mir sicher, würde ganz anders sein.

Heute bin ich 67, und die Zukunft, von der ich damals träumte, liegt bereits hinter mir.

Ich stehe im Flur vor dem Spiegel und betrachte mich kritisch. Immer noch bin ich recht schlank und nach der neuesten Mode gekleidet. Ich trage eine flotte Kurzhaarfrisur in einem angesagten Grau. Natürlich bin ich dezent geschminkt, und die Fingernägel wurden im Nagelstudio gestylt.

Im Hintergrund stehen die Koffer für die nächste Reise. Wo soll es hingehen? Korsika? Kanaren? Madeira? Oder ist es diesmal eine Kreuzfahrt? Immerhin ist es bereits unsere dritte Reise in diesem Jahr. Aber egal, es wird bestimmt schön. Ach ja, wenn wir zurück sind, müssen wir uns endlich entscheiden, ob es ein neuer Kamin sein soll oder ob wir nur die Wohnzimmereinrichtung austauschen. Oder wollen wir nach langem Hin und Her einen Wintergarten anbauen?

Und während ich noch Betrachtungen über meinen Alltag anstelle, sehe ich plötzlich die farblose Erika. Langsam löst sie sich aus dem Hintergrund und schaut mir über die Schulter. Ein bisschen traurig sieht sie aus, und ich höre wieder ihre monotone Stimme:

„Tja, wenn ich heute so über mein Leben nachdenke ... dann muss ich sagen, bin ich nicht ganz unzufrieden."

Und für einen Moment bin ich geneigt, ihr zuzustimmen.

Alles, was mich umgibt, habe ich nicht gewollt, und alles, was ich gebraucht hätte, habe ich nicht bekommen.

Ich durfte nie ein unbeschwertes Kind sein, und habe auch später nie die Geborgenheit einer liebevollen Familie kennengelernt. Meine Kindheit gibt mir niemand zurück. Und auch in meinem Erwachsenenleben blieb Nähe und Wärme in der Familie eine Illusion. Ansonsten aber kann ich mir nahezu alles kaufen, was man für Geld bekommen kann.

Ruhige, immer wiederkehrende Routine hilft, den Alltag zu überstehen.

„Tja, Erika, es hat lange gedauert, bis ich dich verstanden habe."

Die Seele vergisst nie

Jeder Mensch bringt eine wundervolle Seele mit in dieses Leben. Es ist der Teil, der jeden von uns so einzigartig und unverwechselbar macht. Nie gab es einen Menschen, der so war, und nie wird es jemanden geben, der so sein wird.

Im Moment der Geburt ist bereits alles, was wir für ein glückliches und erfolgreiches Leben brauchen, in Ansätzen vorhanden. Jeder Mensch ist von Natur aus gut, kann sich positiv entwickeln und ein sinnvolles und reiches Leben führen.

Auch ich wurde mit einer schönen und einmaligen Seele geboren.

Aber die Seele ist wie ein Schwamm. Sie saugt alles um sich herum auf und macht es sich zu eigen.

Und so habe ich auch meinen Vater in mir, mit all seiner Wut, seinem Hass und seinem schrecklichen Jähzorn. Ein Leben lang hat es mich Achtsamkeit und all meine Energie gekostet, ihn unter Kontrolle zu halten, ihn zu besänftigen.

Bei jeder Gelegenheit spüre ich meine Mutter in mir, wie sie jammert und klagt, weint und es allen recht machen will. Jeden Tag meines Lebens habe ich mich entschlossen um innere Kraft und eine eigene Haltung bemühen müssen.

Meine Eltern haben mir in meiner Kindheit viele Verletzungen zugefügt. Und die Wunden und Narben haben mich mein ganzes Leben begleitet und lange nicht zur Ruhe kommen lassen.

Doch auch meine Eltern hatten eine verletzte Seele, die ihr Leben beeinflusst hat. Der Gedanke daran hilft mir, ihnen zu verzeihen.

Meine Oma ist in mir. Hart und kompromisslos deckt sie die Geheimnisse der Vergangenheit zu, schützt sich durch ihre Unnahbarkeit. Wie viel Lächeln und Lügen waren nötig, um den äußeren Schein zu wahren und das Gewesene zu verdrängen.

Sie hat mich aber auch gelehrt, mit absoluter Pünktlichkeit und Disziplin meine Pflichten zu erfüllen. Für dieses Erbe bin ich ihr dankbar.

Vor allem die Erinnerung an meine Oma Ledvina lebt in mir weiter. Nach jeder Niederlage steht die Heldin meiner Kindheit auf, strafft die Schultern und geht mutig weiter. Egal, was passiert, wie ausweglos eine Situation sein mag, sie findet einen neuen Weg, immer und immer wieder. Wie sehr sie auch verletzt ist, sie bleibt niemals liegen.

Ihr Leben ist ganz sicher nicht so verlaufen, wie sie es sich gewünscht hat. Sie hat zwei Weltkriege erlebt und vier Kinder verloren – das Schlimmste, was einer Mutter passieren kann. Ihr Alltag war hart und ein einziger Kampf. Sie hatte nie viel Geld, und Urlaub hat sie nie kennengelernt. Wohnungseinrichtung, Kleidung, alles war schlicht und ein wenig ärmlich. Aber sie trug einen großen Schatz in ihrem Herzen. Sie war einfach zufrieden. Und dafür danke ich ihr.